Viaje al Español

UNIVERSIDAD
RADIOTELEV

2

VERSIÓN INTERNACIONAL

Cuaderno de actividades

Santillana

Viaje al Español es un curso multimedia creado y producido conjuntamente por Radiotelevisión Española (RTVE) y la Universidad de Salamanca.

Coordinador general: Dr. Víctor García de la Concha
(Universidad de Salamanca)

*El **Cuaderno de Actividades 2** es una obra colectiva concebida, diseñada y creada por el Departamento de Idiomas de Editorial Santillana, S.A.*

En su realización han intervenido:

Redacción: Rosa María Rialp Muriel
Mercé Pujol Vila

Ilustración: Jorge Rodríguez y Paloma Sánchez Auffray (dibujos)
Archivo Santillana (fotografías interiores)
Inge y Arved von der Ropp (fotografía de portada)

Diseño de portada, composición y maquetación: Equipo Santillana

© 1991 de RTVE, Madrid
y Universidad de Salamanca
© 1993 de Santillana, S.A., Madrid
Elfo, 32. 28027 Madrid

Impreso en España
Printing 10, S.A.
ISBN: 84-294-3629-4
Depósito legal.: M.39280-1997

Quedan rigurosamente prohibidas, sin la autorización escrita de los titulares del «Copyright», bajo las sanciones establecidas en las leyes, la reproducción total o parcial de esta obra por cualquier medio o procedimiento, comprendidos la reprografía y el tratamiento informático, y la distribución de ejemplares de ella mediante alquiler o préstamo públicos.

Índice

UNIDAD 14	Usted sí puede pasar (REPASO 1)	5
UNIDAD 15	¿Qué tal es tu amigo?	9
UNIDAD 16	Así se compra un árbol	13
UNIDAD 17	¿Qué tal el viaje?	17
UNIDAD 18	¿Han visto a David?	21
UNIDAD 19	¿Cómo es el niño?	25
UNIDAD 20	Me duele todo	29
UNIDAD 21	Aquí nací yo	33
UNIDAD 22	En invierno	37
UNIDAD 23	Que vienen los primos	41
UNIDAD 24	Me gusta Sevilla	45
UNIDAD 25	¿Cuál quiere?	49
UNIDAD 26	Bailábamos, bailábamos, bailábamos	53
UNIDAD 27	Juan ha encontrado casa (REPASO 2)	57
UNIDAD 28	Ésta es más bonita	61
UNIDAD 29	Era un chico estupendo	65

Índice

UNIDAD 30 Me parece que sí 69

UNIDAD 31 Quiero ir con vosotros 73

UNIDAD 32 Porque no está Juan 77

UNIDAD 33 ¿Nos vemos esta noche? 81

UNIDAD 34 Carmen está triste 85

UNIDAD 35 Dice que no va 89

UNIDAD 36 Tenemos que hablar 93

UNIDAD 37 Una cosa que se llama… amor 97

UNIDAD 38 Empezó en un tren (REPASO 3 A) 101

UNIDAD 39 Tenía que pasar (REPASO 3 B) 105

Transcripción de la casete B 109

Vocabulario 115

Mapa de Hispanoamérica 126

Mapa autonómico de España 127

Unidad 14 — Usted sí puede pasar

Repaso 1

1. Éste es un juego de repaso para que tus compañeros/as y tú recordéis el curso anterior.

Se necesita: un dado y tantas fichas diferentes como jugadores.

Reglas del juego:
– avanza tantas casillas como marque el dado;
– contesta a la pregunta o haz lo que indique cada casilla;
– si la respuesta es correcta, vuelve a tirar el dado;
– si la respuesta no es correcta, juega el/la siguiente compañero/a.

2. ¿Qué hora es ahora?
4. ¿De dónde eres?
6. ¿Qué se puede hacer en una playa?
8. ¿Cuántos años tienes?
10. ¿Qué estás haciendo?
12. ¿Qué no se puede hacer en un hospital?
15. ¿Qué vas a hacer este fin de semana?
17. ¿Quién es el/la de tu izquierda?
21. ¿Dónde vives?

Di cinco nombres de:
1. alimentos o bebidas.
7. tiendas.
14. prendas de vestir.
18. medios de transporte.
20. profesiones.

3. Presenta a dos de tus compañeros/as.
5. Pide un menú en un restaurante.
9. Haz una lista de la compra.
11. Averigua el estado civil de tres compañeros/as.
16. Invita a tu compañero/a a algo.

Haz una pregunta a un/a compañero/a. Si no te da la respuesta correcta, sigues jugando. Si acierta, esperas un turno.

Vuelve a la casilla de salida.

Presentación

ANTES

2. ¿Recuerdas a Carmen y a Juan? Rellena sus fichas.

Nombre: _Carmen_
Apellido: _____
Profesión: _____
Estado civil: _____
Vive en: _____
Edad: _____

Nombre: _Juan_
Apellido: _____
Profesión: _____
Estado civil: _____
Vive en: _____
Edad: _____

DESPUÉS

3. Completa este resumen de los trece capítulos anteriores de la Telecomedia. Elige para cada caso la respuesta adecuada.

(1) a) van a - b) vienen de
(2) a) en la estación - b) en el tren
(3) a) estudiante - b) profesor
(4) a) la oficina de - b) casa de
(5) a) una avería en - b) un accidente con
(6) a) delante - b) detrás
(7) a) un accidente - b) dolor de cabeza
(8) a) también - b) tampoco
(9) a) es - b) está
(10) a) por - b) para
(11) a) pequeño - b) grande
(12) a) Acuerdas - b) Recuerdas
(13) a) algo - b) nada

Carmen y Juan (1) _____ Madrid. Se conocen (2) _____ . Bueno, se conocen... Van a trabajar juntos en Madrid, pero ellos no lo saben.

Juan es (3) _____ en la Universidad y Carmen trabaja en televisión. Llegan a (4) _____ Diego. Éste los va a presentar, pero ya no es necesario, ¿verdad?

Carmen y Juan están haciendo un programa sobre España. ¿Recuerdas? Visitan Sóller, en Mallorca. Tienen (5) _____ el coche y Juan va a buscar al mecánico. Pero, ¿qué pasa? Está en un maratón, corre (6) _____ del mecánico... ¡y gana la carrera! ¡Muy bien, Juan!

Ahora Carmen y Juan, con su programa, que se llama "Conocer España", están en un palacio de Aranjuez. El guitarrista tiene (7) _____, no puede trabajar... ¿Qué hacer? Bueno, no importa. Juan (8) _____ sabe tocar la guitarra. ¡Míralo!

Bueno, no todo (9) _____ trabajar. También son buenas las fiestas. Es el cumpleaños de Diego, pero el señor Irízar no lo sabe. ¿O sí lo sabe? Sí, sí lo sabe: trae un regalo (10) _____ Diego. ¡Vaya! ¡Otro oso! Pero es más (11) _____. ¿Lo ves?

Bonita la Alhambra, ¿verdad? Y misteriosa. ¿(12) _____ la historia de Yúsuf y de Yasmina? ¿Y al guía? Sí, Granada tiene (13) _____ especial. ¿Verdad, Carmen? ¿Verdad, Juan? Sí, la Alhambra es misteriosa. Pero volvamos al presente, ¿de acuerdo?

Telecomedia

ANTES

4. ¿Qué se dice en estas situaciones?

1. La música está muy alta.

2. No sabes qué hace tu amigo/a en este momento.

3. Llamas a un taxi.

4. Te duele la garganta y vas a una farmacia.

5. Invitas a tomar una copa a un/a amigo/a.

6. No sabes si puedes aparcar tu coche en un lugar determinado.

7. Quieres comprar naranjas pero no sabes cuánto valen.

8. Compras en un supermercado patatas, leche, azúcar y zumo de naranja. Preguntas el precio de todo.

DESPUÉS

5. Explica a tu compañero/a lo que pasa en la Telecomedia.

6. Responde a estas preguntas relacionadas con la Telecomedia.

1. ¿Dónde están Carmen y Juan ahora?

2. ¿Qué pasa?

3. ¿Qué hace Carmen?

4. ¿Qué le pasa a Carmen con los zapatos?

5. ¿Cómo soluciona el problema?

Unidad 14

7. Escucha y luego escribe el número del diálogo que corresponde a cada dibujo.

☐

☐

☐

☐

EN RESUMEN

Completa el siguiente resumen de la Telecomedia con los verbos del recuadro en la forma adecuada.

| salir | entrar | pedir | llegar | empezar | presentar | perder | llamar |

Carmen, Juan y Diego van a _____ su programa "Conocer España" a la prensa. Poco antes de _____ se dan cuenta de que no tienen los vídeos. Carmen decide ir a buscarlos. _____ del edificio y _____ a un taxi. Cuando corre hacia el taxi _____ un zapato, pero tiene prisa y no lo coge. Cuando _____ al lugar donde tiene que recoger los vídeos, se da cuenta de que no puede _____ sin zapatos y entonces le _____ las zapatillas de deporte al taxista. Al final, vuelve a la presentación.

Unidad 15 — ¿Qué tal es tu amigo?

1. Ante las siguientes situaciones, ¿qué restaurante recomiendas a tu compañero/a?

A: *Esta noche voy a cenar con... ¿Qué restaurante me recomiendas?*
B: *¿Qué quieres comer?*
A: *Marisco.*
B: *¿Marisco?... Ve a la "Brasserie Flo". Es caro pero...*
A: *Bueno, no importa. ¿Dónde está?*

RESTAURANTES

Mesón Gerona. Córcega, 219 (Muntaner-Casanovas). Teléfono 410 56 88. Grill-Restaurante. Ensaladas especiales. Carnes de Gerona a la barbacoa con salsa de roquefort o pimienta. Tostadas con embutidos ibéricos. Sangría Mesón Gerona. Reservas para grupos. Terraza. Cocina hasta las 24 h. Cerrado domingos. Precios jóvenes. Precio aproximado 1.500 ptas.

Asador de Aranda, El. Avenida del Tibidabo, 31. Teléfono 417 01 15. Cocina castellana. Terraza. Cerrado domingos noche. Precio aproximado 3.500 ptas.

Brasserie Flo. Junqueras, 10 (Casco antiguo). Teléfono 319 31 02. Le ofrece sus especialidades: Parrillada de marisco 3.350 ptas. por persona y Mariscada especial 2.850 ptas. por persona. Marco idóneo para cenas o comidas de negocios. Cocina francesa y de mercado. Ostras y marisco. Abierto de 13 a 16 h. y de 20,30 a 1 h.

Mesón egipcio Tut Ankh Amon. Raurich, 18 (junto Ferrán). Teléfono 412 52 01. Mesón egipcio. Comida típica y música (baile egipcio con vídeo).

Tragaluz. Pasaje de la Concepción, 5 (entre Paseo de Gracia y Rambla de Cataluña). Teléfono 487 01 96. TRAGABAR: copas, cócteles y tapas. Abierto hasta las 3 h. Lunes y martes hasta las 2 h. TRAGARÁPID: comida rápida con platos tradicionales del día. Abierto de 13,30 a 16,30 h. y de 21 a 1,30 h. Precio aproximado 2.000-2.500 ptas. TRAGALUX: cocina mediterránea. Cocina elaborada mezclando la tradición con la innovación. Abierto de 13,30 a 16,30 h. y de 21 a 23,30 h. Precio aproximado de 6.000 a 6.500 ptas.

Ristorante italiano La Traviata. Villarroel, 101 (junto Aragón). Teléfono 453 61 69. Especialidad en pastas y carnes, al estilo "della Italia".

Piscolabis. Rambla de Cataluña, 49 (Ensanche). Teléfono 487 87 46. Sandwichería-Heladería-Horchatería. Hasta las 2 h. de la madrugada.

Restaurante chino Cataluña. Avenida de Madrid, 100. Teléfono 491 50 66. Especialidad en comidas chinas. Comidas para llevar. Ambiente agradable. Platos suculentos. Servicio esmerado. Banquetes, bodas, comuniones. Abierto todos los días.

A

1. Quieres comer marisco. No te importa el precio.
2. Quieres comer carne. No quieres un restaurante muy caro.

B

1. No quieres gastar mucho. No te importa la especialidad, pero te gusta mucho la verdura.
2. Quieres un restaurante especial para ir con un/a amigo/a el día de tu cumpleaños.

Primera parte

ANTES **2. Pide a tu compañero/a que te recomiende alguna película.**

A: *Hoy voy al cine. ¿Qué película me recomiendas?*
B: *Pues, no sé... ¿Qué tal "Los reyes del mambo"?*
A: *No la conozco. ¿Es buena?*
B: *Sí, sobre todo la música. ¿Te gusta el jazz?*
A: *¡Mucho! ¿En qué cine es?*

CARTELERA

PRÍNCIPE DE LAS MAREAS, EL (Prince of the Tides). USA, 1991. Color. Director: Barbra Streisand. Con Barbra Streisand, Nick Nolte, Kate Nelligan. **Melo psicológico.** La doctora Susan, psicóloga, pide a Tom que se someta a un tratamiento con la intención de poder ayudar a la hermana de éste, Savanah, que, en un trance depresivo, ha intentado suicidarse. El tratamiento tendrá inesperadas consecuencias, pues tanto la doctora como Tom verán cómo sus propias vidas familiares y sentimentales sufren un proceso de modificación. De una novela de Pat Conroy. **Cine Borrás.** Plaza Urquinaona, 9 (Ensanche). Metro Urquinaona. T. 412 15 82. 550 ptas. Sábados y festivos 575 ptas. Miércoles 400 ptas. Tarde 16.45 h. continua. Noche 22.05 h. Pases: 17.00, 19.35 y 22.15 h.

REYES DEL MAMBO TOCAN CANCIONES DE AMOR, LOS (The Mambo Kings). USA, 1991. Color. Director: Arne Glimcher. Con Antonio Banderas, Armand Assante, Cathy Moriarty y Maruschka Detmers. **Musical salsero.** En los años 50, Nueva York es una fiesta musical. El jazz puro se mezcla con la música cubana, la gran salsa, creando una combinación explosiva y única. En ese ámbito, dos hermanos cubanos, músicos pasionales, intentan triunfar. **Cine Club Coliseum.** Rambla de Cataluña, 23 (Ensanche). Metro Paseo de Gracia. T. 412 01 14. 575 ptas. Sábados y festivos 600 ptas. Tarde 16.35 h. continua. Noche 22.20 h. Pases: 17.00, 19.15 y 22.45 h.

FAMILIA ADDAMS, LA (The Addams Family). USA, 1991. Color. Director: Barry Sonnenfeld. Con Anjelica Huston, Raúl Julia y Christopher Llloyd. **Comedia fantástico-terrorífica.** Martica es una mujer vestida de negro, elegante vampiresa, que viene de vampiro. Gómez es su marido, siempre preocupado por trenes en miniatura que descarrilan. La abuela es Granny y Wednesday y Pugsley, los niños, el tío Foster, el larguirucho mayordomo Lurch, y una mano, la Cosa, que hace muchas ídems. Tan excéntrica familia es la familia Addams, nacida en los años sesenta para la televisión y reciclada ahora, con equipo nuevo, para la pantalla grande. **Cine Comedia.** Paseo de Gracia, 13 (Ensanche). Metro Cataluña. T. 318 23 96. 525 ptas. Sábados y festivos 550 ptas. Miércoles 350 ptas. Tarde continua. Pases: 16.20, 18.20, 20.20 y 22.45 h.

SILENCIO DE LOS CORDEROS, EL (The Silence of the Lambs). USA, 1991. Color. Director: Jonathan Demme. Con Jodie Foster, Anthony Hopkins y Scott Glenn. **Thriller psicológico.** Clarice Starling supera las pruebas para su ingreso en el FBI. Su superior cree oportuno que empiece con el caso del llamado Buffalo Bill, un peligroso asesino despellejador. Para ello deberá entrar en contacto con un tal Dr. Lecter, conocido caníbal encerrado en prisión. Lecter facilita información a la muchacha, una información que la llevará, poco a poco, a su presa, ayudada por la pista que supone la crisálida de una enigmática mariposa, que aparece siempre en la garganta de las víctimas. Jonathan Demme obtuvo el Oso de Plata al Mejor Director en el pasado Festival de Berlín. **Cine Nápoles.** Avda. San Antonio Mª Claret, 168 (Ensanche). Metro Dos de Mayo. T. 236 51 25. 500 ptas. Miércoles 300 ptas. Descuentos para jubilados. Tarde continua. Pases: 17.45, 22.00 y 22.15.

MANO QUE MECE LA CUNA ES LA MANO QUE DOMINA AL MUNDO, LA (The Hand that Rocks the Cradle). USA, 1991. Color. Director: Curtis Hanson. Con Annabella Sciorra, Rebecca De Mornay y Matt McCoy. **Thriller sobrenatural.** Los Bartel contratan a una niñera para que cuide de su niña de 5 años y del bebé de pocos meses. La chica, Peyton, se hace rápidamente con el cariño de la familia, pero conforme pasa el tiempo la madre empieza a ver algo raro en ella, algo sobrenatural que la aleja de sus propios hijos, que parece ser tienen una nueva madre. **Cine Fantasio.** Paseo de Gracia, 69 (Ensanche). Metro Diagonal. T. 487.54.22. 550 ptas. Sábados y festivos 575 ptas. Tarde 16.00 continua. Pases: sin determinar.

MAKINAVAJA, EL ÚLTIMO CHORISO. España, 1991. Color. Director: Carlos Suárez. Con Andrés Pajares, Mario Pardo, Mary Santpere y Pedro Reyes. **Comedia chorisera.** En la Barcelona de nuestros mismísimos días, profundamente preolímpica, muchos personajes deambulan por los bajos fondos y el barrio chino, todo ello muy esperpéntico. Pero uno de ellos se lleva la palma, el chorizo charnego apodado Makinavaja. Éstas son sus aventuras. **Cine Rex.** Gran Vía Cortes Catalanas, 23 (Ensanche). Metro Rocafort. T. 423 10 60. 550 ptas. Sábados y festivos 575 ptas. Miércoles no festivos 400 ptas. Tarde 16.30 continua. Pases: 16.45, 18.40, 20.35 y 22.30.

DESPUÉS **3. Relaciona cada pregunta con su respuesta.**

1. "¿Puedes ayudarme, por favor?"
2. "¿Qué queso me recomiendas?"
3. "¿Me echas una mano?"
4. "¿Dónde venden maíz?"

a) "Manchego."
b) "En la tienda de ultramarinos."
c) "Sí, sí."
d) "Ya voy, ya voy."

Segunda parte

ANTES

4. Estás en Madrid por primera vez. Tienes un/a amigo/a español/a que conoce bien la ciudad. Habla con él/ella de lo que puedes hacer.

A

1. Pregunta dónde venden periódicos en tu lengua.
3. Pregunta qué periódico te recomienda en español.
5. Pregunta sobre el periódico.

B

2. Dile que en los quioscos de la Gran Vía.
4. Dile que el "El País".
6. Dile que es muy conocido y muy importante.

A

2. Dile que cerca de la estación de Atocha.
4. Dile que el Museo del Prado.
6. Dile que es muy interesante y muy bueno.

B

1. Pregunta dónde están los mejores museos de Madrid.
3. Pregunta qué museo te recomienda.
5. Pregunta sobre el museo.

DESPUÉS

5. Completa el siguiente diálogo de la Telecomedia.

HÉCTOR: Oye, Juan, ¿en el _____ venden pan?

JUAN: Sí, sí. En el mercado venden de todo.

CHICA: ¡Vivaldi! ¡Vivaldi!

CHICO: ¿_____ _____, _____ _____?

JUAN: ¡Héctor!

FRUTERA: _____ _____, doña María.

MARÍA: ¿Qué tal son las naranjas?

FRUTERA: Muy buenas.

MARÍA: ¿Dónde venden eso?

HÉCTOR: ¿____ ____ son las naranjas?

MARÍA: Huy, riquísimas. Mire, mire.

HÉCTOR: ¡Claro!, es normal; las naranjas españolas siempre son muy buenas.

MARÍA: ¿De dónde es usted?

HÉCTOR: De Guadalajara.

MARÍA: ¡Qué casualidad! Esta tarde voy a ir yo a Guadalajara.

HÉCTOR: ¡Ah!, pero yo soy de Guadalajara, México. [...] ¿Qué pescado _____ _____?

MARÍA: Ése. Es muy bueno.

PESCADERO: ¿_____ _____ ___?

CLIENTA: Pidan, pidan.

MARÍA: _____, _____ _____.

HÉCTOR: ¿_____ _____ es Guadalajara?

MARÍA: ¿Qué va a hacer usted esta tarde?

Unidad 15

 6. Practica con tus compañeros/as.

SITUACIÓN

Alumno/a A:

Estás en una frutería. Eres un/a cliente/a. Quieres comprar un kilo de tomates. Te están atendiendo pero os interrumpe otro/a cliente/a con mucha prisa; le cedes el turno. Cuando por fin te atienden, pides los tomates y dos kilos de naranjas.

Alumno/a B:

Estás en una frutería. Eres un/a cliente/a. Quieres comprar un kilo de uvas. Estás esperando pero tienes mucha prisa. Intervienes mientras atienden a A, quien te cede el turno. Preguntas si las uvas son buenas. Al final te llevas las uvas y medio kilo de naranjas.

Alumno/a C:

Eres el/la dependiente/a. Atiendes primero a A, pero antes de darle lo que desea, os interrumpe B. Dile que las uvas son buenas, pero que las naranjas son mejores y dale lo que te pide. Después vuelve a atender a A.

 7. Elige con unos/as compañeros/as la parte de la Telecomedia que más os ha gustado y representadla.

EN RESUMEN **Escucha el resumen de la Telecomedia y compáralo con el siguiente texto. Descubre las diferencias y apúntalas.**

Carmen y su madre están comprando en el supermercado. Juan y su hermano también quieren comprar algo de comer. Se encuentran todos en la carnicería. La madre de Carmen se hace amiga del hermano de Juan y se van juntos a Guadalajara. Carmen y Juan ayudan a dos pintores que quieren coger a su gato.

_____
_____
_____
_____

Unidad 16 — Así se compra un árbol

1. Relaciona todas las palabras que puedas con los dibujos.

- _1_ adorno (decorations)
- _2_ carta
- _5_ el gordo
- _9_ nacimiento (nativity)
- _8_ carbón
- __ figura
- __ luces
- _8_ regalos
- __ fiesta
- _5_ lotería
- __ Nochevieja (new years eve)
- __ villancico
- __ lote
- __ Nochebuena
- _10_ uvas
- __ árbol de Navidad
- __ Navidad
- __ turrón
- __ campanadas
- _3_ día de los Inocentes
- __ Reyes
- __ bola
- __ disfraz
- __ felicitación de Navidad
- _9_ belén
- __ cava
- __ inocentada

Primera parte

ANTES

2. Ana y Beatriz son compañeras de piso. Escucha los planes que tienen para estas Navidades. Luego, relaciona cada frase con el tema al que se refiere.

Dicen:	Hablan de:
1. "Es una sorpresa." d	a) el belén nativity
2. "Están muy bonitas." g	b) los niños malos
3. "Y además, bolas para adornarlo." a	c) los Reyes kings
4. "Voy a poner Reyes." a	d) los regalos gifts
5. "A ti sólo te traen carbón." b	e) los invitados a cenar
6. "¡Bah!... Nunca me traen lo que pido."	f) el árbol tree
7. "Creo que ocho o nueve..." e	g) las luces en la calle

DESPUÉS

3. ¿Verdadero (V) o falso (F)?

1. David está montando el belén.
2. Juan piensa que el disfraz de rey mago para Óscar es muy bonito.
3. Carmen quiere comprar un árbol grande.
4. Óscar tiene prisa.
5. David quiere pedirle algo a Juan.

4. Escribe una felicitación de Navidad a un/a amigo/a español/a.

Segunda parte

ANTES

5. Con un/a compañero/a, contesta a las siguientes preguntas relacionadas con las costumbres españolas durante la Navidad. Si no estáis de acuerdo, discutidlo.

1. ¿Qué dulce se come en estas fechas?
   _____

2. ¿Cuándo se dan los regalos de Navidad?
   _____

3. ¿Cómo se llaman las bromas del día 28 de diciembre?
   _____

4. ¿Qué se come en Nochevieja? ¿A qué hora? ¿Y qué se bebe?
   _____

5. ¿Cómo se llama el primer premio de la lotería de Navidad?
   _____

6. ¿Se les da carbón a todos los niños?
   _____

DESPUÉS

6. Responde a las siguientes preguntas relacionadas con la Telecomedia.

1. ¿Cómo se abre la lata?
   _____

2. ¿Para qué sirve el exprimidor?
   _____

3. ¿Cómo se hace la mayonesa?
   _____

7. Ordena las frases siguientes, numerándolas de acuerdo con la Telecomedia.

☐ "¡Espérame!"

☐ "Mujer, sólo es un momento... Es que son muy bonitos."

☐ "Un momento."

☐ "Sólo es un minuto, mujer... Espérame."

Unidad 16

8. Observa el uso de "ser" y "estar" en el texto de Juan. Después, escribe tú un texto parecido.

Juan	Tú
Estamos en Navidad. La Navidad es alegre, pero Carmen está triste porque su novio no viene.	Estamos en _____. _____ es _____ _____ está _____ _____.

9. Completa esta receta del arroz con leche.

Ingredientes para seis personas:
- 200 gramos de arroz
- 200 gramos de azúcar
- canela en rama y en polvo
- corteza de limón
- 1,5 litros de leche

(lavar) Se lava el arroz, *(poner)* _____ en agua hirviendo y *(cocer)* _____ 5 minutos.

(escurrir) _____ y *(echar)* _____ en leche hirviendo.

(cocer) _____ y *(añadir)* _____ la canela en rama y la corteza de limón. Una hora después *(añadir)* _____ el azúcar.

(cocer) _____ cinco minutos más y *(sacar)* _____ del fuego.

(dejar) _____ enfriar y *(sacar)* _____ la canela y la corteza.

(poner) _____ en platos y *(añadir)* _____ canela en polvo por encima.

(servir) _____ y ya está. _____ se hace el arroz con leche.

EN RESUMEN

Completa el siguiente resumen de la Telecomedia.

Juan va a casa de Carmen pero allí sólo encuentra a David montando el _____. Carmen está con su novio comprando un _____. David tiene una _____ en su casa, por eso adorna el salón, prepara comida y le pide a Juan que se disfrace de _____. Mientras, Carmen se enfada con Óscar porque no sabe qué árbol comprar y se va a casa. Cuando entra en casa, el Rey Baltasar le da un beso... ¡Es Juan que le desea a Carmen _____!

Unidad 17 ¿Qué tal el viaje?

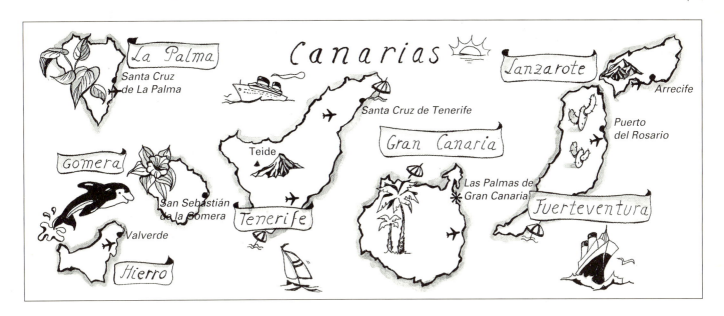

 1. Escucha y completa el siguiente texto.

Las Islas Canarias están formadas por siete islas.
La más grande es Tenerife, con el Teide, la _____ más alta de España. Mide _____ metros.
En Gran Canaria podemos encontrar las _____ más bonitas. Es como un pequeño continente.
Lanzarote es una gran reserva ecológica. Tiene muchos _____ y unas playas maravillosas.
La Palma contrasta con las demás islas, es muy _____, tiene mucha _____. La llaman la "Isla Bonita".
Fuerteventura guarda todavía restos de su _____ colonial.
Gomera y Hierro conservan su _____ natural y también el _____ característico de las islas.
El clima de las Canarias es _____ y la _____ es agradable durante todo el año.

 2. Relaciona.

1. Tenerife
2. Lanzarote
3. Fuerteventura
4. La Palma
5. Gran Canaria
6. Hierro y Gomera

a) playas
b) Teide
c) folclore
d) volcanes
e) vegetación
f) historia

Primera parte

ANTES

3. Relaciona.

1.   a) cubierto   A) Nieva./Está nevando.
2. ☁   b) nieve   B) Hace sol.
3. ☀   c) viento   C) Llueve./Está lloviendo.
4.   d) lluvia   D) Hay niebla.
5. →   e) sol   E) Está nublado./Hay nubes.
6. ≡   f) niebla   F) Hace viento.

4. Mira este mapa de España y los símbolos que indican el tiempo que hace. Luego contesta a las preguntas.

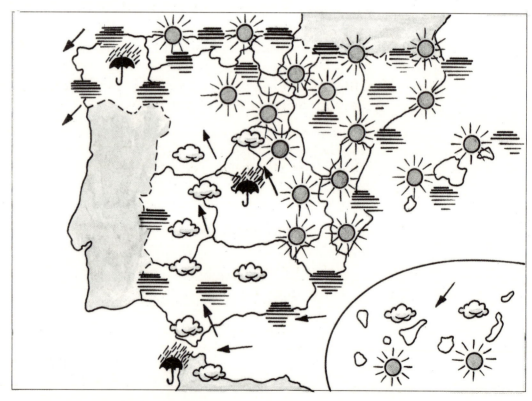

1. ¿Qué tiempo hace en las Baleares? _____
2. ¿Qué tiempo hace en Galicia? _____
3. ¿Qué tiempo hace en Andalucía? _____
4. ¿Qué tiempo hace en los Pirineos? _____
5. ¿Va a llover en Tenerife? _____
6. ¿Está nevando en Lanzarote? _____
7. Y en tu país, ¿qué tiempo hace ahora? _____

5. Escucha esta conversación entre varias personas y marca en el mapa de Lanzarote el recorrido que van a hacer por la isla.

6. Dile a tu compañero/a lo que te pasa. Él/Ella intentará darte un consejo o hacerte una propuesta. ¿Qué te parece?

(Tienes frío.)
A: *¡Qué frío hace!*
B: *¿Por qué no te pones un jersey?*
A: *Sí, muy bien.*

A
1. Tienes hambre.
2. No sabes qué hacer el fin de semana.
3. Estás aburrido/a.
4. Hace mucho calor.

B
1. No sabes a dónde ir de vacaciones.
2. Tienes que comprar un regalo a un/a amigo/a.
3. Llueve.
4. Quieres ir al cine.

DESPUÉS

7. Responde a las siguientes preguntas relacionadas con la Telecomedia.

1. ¿Por qué va David de viaje? _____
2. ¿Qué tiempo hace en Madrid? _____
3. ¿Qué tiempo hace en Lanzarote? _____
4. ¿Qué hacen en Lanzarote? _____

Segunda parte
Unidad 17

ANTES

8. **Pregunta a tu compañero/a lo que hace normalmente durante la semana.**

A: *¿Qué haces normalmente?*
B: *Trabajo.*
A: *¿Y los sábados y los domingos?*
B: *Voy al cine.*

9. **Estás es un parque. Hay un banco con un asiento libre. Habla con las otras personas que están sentadas allí, pero no olvides...**

– preguntar si está ocupado el asiento;
– preguntar qué hacen allí;
– preguntar cómo se llaman;
– hablar de lo que haces normalmente.

DESPUÉS

10. **Responde a las siguientes preguntas relacionadas con la Telecomedia.**

1. ¿Qué reserva tiene Carmen?
   _____

2. ¿Tiene equipaje?
   _____

3. ¿Qué preguntas le hace David a Juan?
   _____

4. ¿Qué hace Juan cuando no trabaja?
   _____

EN RESUMEN

Completa el siguiente resumen de la Telecomedia con los verbos del cuadro en la forma adecuada.

| querer | estar | ir | acostarse | hacer | divertirse |

Carmen y Juan _____ a Canarias y David también _____ con ellos. En Canarias _____ un tiempo estupendo. Juan _____ trabajar, pero Carmen _____ descansar un poco y David _____ divertirse. David _____ mucho con Juan todo el dia, pero al final, cuando _____ a cenar, los dos _____ muy cansados. ¿Por qué no _____?

Unidad 18 — ¿Han visto a David?

1. Completa esta carta con los verbos en la forma adecuada. Después, marca en el mapa de Tenerife los lugares que ha visitado Isabel.

Tenerife, 6 de julio de 1994

Querida mamá:

Ya estamos en Tenerife. En estos días (nosotros, hacer) __hemos hecho__ muchas cosas. (nosotros, ir) __hemos ido__ a las Cañadas del Teide. Es fantástico. Es un parque muy bonito. Y (nosotros, subir) __hemos subido__ al Teide, el pico (peak) más alto de España.

(nosotros, bañarse) __hemos nos bañado__ en las piscinas del Puerto de La Cruz y también (nosotros, ir) __hemos ido__ a las playas del sur de la isla: Los Cristianos y Las Américas.

En Icod de los Vinos (nosotros, ver) __hemos visto__ un árbol milenario. Y (nosotros, comer) __hemos comido__ en un restaurante típico.

Esta tarde, Luis (estar) __ha estado__ con los niños en la piscina del hotel y yo (ir) __he ido__ de compras.

(nosotros, hacer) __hemos hecho__ muchas fotos.

Hasta pronto. Besos,

Isabel

Primera parte

ANTES

 2. De las siguientes cosas, ¿qué has hecho alguna vez? Pregunta a tu compañero/a.

peinar a otra persona	viajar en globo	hacer la cama
jugar al ajedrez	comer en el campo	no pagar en una tienda
arreglar un coche	llevar sombrero	pescar
cuidar niños o ancianos	decir buenos días	pintar un mueble
tomar café	fumar	besar a alguien
jugar con un perro	leer un periódico español	hablar con un famoso

A: *¿Has viajado alguna vez en globo?*
B: *No, nunca he viajado en globo./Sí, una vez.*

 3. Escucha y completa.

AMIGA: ¡Hola, Carmen! ¿Cómo estás?

CARMEN: Muy bien, ¿y tú?

AMIGA: Bien, gracias. ¿_Qué tal_ las vacaciones?

CARMEN: Muy bien.

AMIGA: ¿Dónde _has estado_?

CARMEN: _He estado_ en Tenerife.

AMIGA: ¡Qué bien! ¿Y qué _has hecho_?

CARMEN: _He descansado_ mucho, _he ido_ a la playa, _he tomado_ el sol y _he conocido_ a un chico muy guapo...

AMIGA: ¿Sí? Cuenta, cuenta...

 4. Lee bien estos anuncios y después pregunta a tu compañero/a.

A: *¿Qué se necesita para el empleo de secretaria?*
B: *Saber inglés. Saber escribir a máquina.*

Se necesita administrativo/a con experiencia en ordenadores. Enviar currículum vitae a Cerdeña, 8. Huesca.

Particular necesita matrimonio o dos chicas internas, una sabiendo cocina. Imprescindible informes. Permiso trabajo. 80.000 mensuales. 547 86 90.

Empresa multinacional de productos lácteos
precisa
JEFES/AS DE VENTAS

Edad: 35 años aproximadamente.
Experiencia comercial en alimentación.
Vehículo (coche o moto) propio.
Condiciones a negociar.
Interesados/as concertar cita al teléfono (91) 243 54 76, antes del 31 de enero de 1994.

Multinacional japonesa
precisa
SECRETARIA BILINGÜE
(español-inglés)

- con mecanografía,
- conocimiento en manejo de ordenadores,
- experiencia en comercio exterior. Enviar currículum vitae y foto al Apartado de Correos 23, Barcelona.

5. ¿Recuerdas a Marta? ¿Recuerdas qué hace un día normal? Hoy no ha sido un día normal. ¿Por qué?

1. Hoy Marta _____

   porque _____.

2. Hoy Marta _____

   porque _____.

3. Hoy Marta _____

   porque _____.

4. Hoy Marta _____

   porque _____.

DESPUÉS

6. Responde a las siguientes preguntas relacionadas con la Telecomedia.

1. ¿Qué sabe hacer David? _____
2. ¿Dónde están todos? _____
3. ¿Cómo se llama la amiga de David? _____
4. ¿Dónde está David? _____

7. Haz frases como el modelo.

1. hacer mal tiempo / (Luis) quedarse en casa
   *Luis se ha quedado en casa **porque** hace mal tiempo.*
   *Hace mal tiempo, **por eso** Luis se ha quedado en casa.*

2. ser carnaval / (Carmen y Juan) disfrazarse

   _____
   _____

3. (David) conocer a Ana / (David) no querer irse

   _____
   _____

4. (Ana) bailar muy bien / (David) mirar

   _____
   _____

5. (David) perderse / (Carmen) estar preocupada

   _____
   _____

Segunda parte

Unidad 18

ANTES

8. **Llama por teléfono a tu compañero/a.**

A	B
1. ¿Está...? 3. De... 5. Sí. Dígale que esta noche a las diez en el bar "Zurich".	2. ¿De parte de quién? 4. En este momento no está. ¿Quiere dejar un aviso? 6. De acuerdo. Se lo diré.

DESPUÉS

9. **Responde a las siguientes preguntas relacionadas con la Telecomedia.**

1. ¿Quién ha llamado a Carmen? _____
2. Carmen deja un aviso. ¿Cuál? _____
3. ¿Cómo se siente Carmen? _____
4. ¿Y Juan? _____
5. ¿A quién le piden ayuda? _____
6. ¿Te gustan los carnavales? _____
7. ¿Conoces otros carnavales famosos? _____
8. ¿Sabes qué significa "máscara", "disfraz", "pintura", "comparsa", "rúa"? _____

EN RESUMEN

Completa el siguiente resumen de la Telecomedia con las palabras del recuadro. Si la palabra es un verbo, ponlo en la forma adecuada.

carnaval	bailar	Carmen	por eso	ésta
preguntar	unidad	conocer	David	por
llamar	típico	avisos	para	preocupada

Han pasado muchas cosas en esta _____ la mañana Carmen y Juan han ido a grabar un baile _____ de Lanzarote. En el baile David _____ a Ana, una chica que le ha enseñado a _____. Pero se está celebrando el _____ en Canarias, _____ se han disfrazado y han bailado por las calles. Pero _____ se ha perdido y _____ está muy _____. _____ a Luis Cánovas y también al hotel y ha dejado _____ para Luis y _____ David. Después _____ a una chica y _____ ha preguntado a Enrique. Enrique es de la organización. ¿Dónde está David?

Unidad 19 ¿Cómo es el niño?

1. Describe a cada personaje.

1

2

3

4

_____ _____ _____ _____
_____ _____ _____ _____
_____ _____ _____ _____
_____ _____ _____ _____
_____ _____ _____ _____
_____ _____ _____ _____
_____ _____ _____ _____

2. Agrupa los siguientes adjetivos: en el grupo 1 pon adjetivos de descripción física; en el grupo 2, adjetivos de carácter con valor positivo, y en el grupo 3, adjetivos de carácter con valor negativo.

castaño/a	calvo/a	inteligente
bajo/a	tonto/a	moreno/a
simpático/a	viejo/a	delgado/a
aburrido/a	divertido/a	alto/a
triste	amable	rubio/a
bueno/a	antipático/a	joven
gordo/a	alegre	malo/a

Grupo 1: *castaño/a,* _____

_____

Grupo 2: *simpático/a,* _____

_____

Grupo 3: *malo/a,* _____

_____

Primera parte

ANTES

3. Escucha y marca el dibujo que corresponde a la descripción.

4. Tu compañero/a trabaja en la Oficina de Objetos Perdidos. Descríbele lo que has perdido y él/ella te dirá si lo tiene o no.

A: *He perdido mi perro.*
B: *¿Cómo es?*
A: *Es pequeño, tiene el pelo largo, de color negro y lleva un collar.*
B: *¿Cómo se llama?*
A: *Toby.*
B: *Aquí está, tenga.*

A: Has perdido...

B: Has encontrado...

A: Has encontrado...

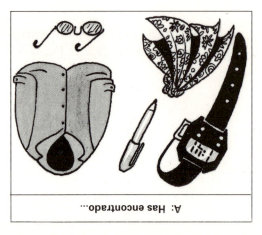

B: Has perdido...

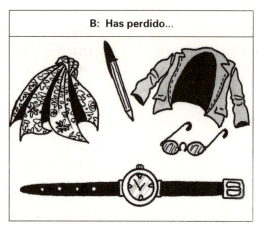

5. Describe los siguientes objetos y personas utilizando las palabras del recuadro.

| delgado/a | gordo/a | bajo/a | alto/a | grande |
| pequeño/a | claro/a | oscuro/a | ancho/a | estrecho/a |

DESPUÉS

6. Responde a las siguientes preguntas relacionadas con la Telecomedia.

1. ¿Cómo es David? _____

2. ¿Cuánto mide? _____

3. ¿Dónde está David? _____

4. ¿Qué ha perdido David? _____

7. Piensa en un personaje famoso. Tus compañeros/as te harán preguntas para adivinar de quién se trata. Pero tú sólo puedes responder "sí" o "no".

Marilyn Monroe

A: *¿Es un hombre?*
B: *No.*
C: *¿Es guapa?*
B: *Sí.*
D: *¿Es cantante?*
B: *No.*

E: *¿Es actriz?*
B: *Sí.*
E: *¿Es rubia?*
B: *Sí.*
E: *¿Marilyn Monroe?*
B: *Sí.*

Segunda parte

Unidad 19

ANTES

8. Compara estos tres coches.

1
2
3

9. ¿Recuerdas? Contesta a las preguntas.

1. ¿Cómo es el disfraz de Carmen?
2. ¿Y el de Juan?
3. ¿Cómo se llaman los personajes nuevos que aparecen en esta unidad?

DESPUÉS

10. Ordena las frases siguientes, numerándolas de acuerdo con la Telecomedia.

- [ ] "¡Se ha escapado el perro!"
- [ ] "Mide cincuenta metros de largo."
- [ ] "¿Dónde has estado, David?"
- [ ] "¿Qué pasa?, ¿se ha perdido también?"
- [ ] "Muy mal, muy mal, Ana. Tú aquí en casa, y nosotros..."

EN RESUMEN

Completa el siguiente resumen de la Telecomedia.

Carmen y Juan _____ _____ a David. Un _____ lo busca. Enrique, el _____ de Ana, también busca a su _____. Pero los niños están en _____ de Ana, jugando en la _____ con otros niños. David se cae al agua y _____ un zapato. La _____ de Ana es muy grande. _____ cincuenta metros de largo. El _____ de Ana, Carmen, Juan y el _____ van a _____ de Ana y encuentran a los niños, pero se _____ _____ Canelo, el perro...

Unidad 20 — Me duele todo

1. Completa el siguiente crucigrama con las palabras del recuadro.

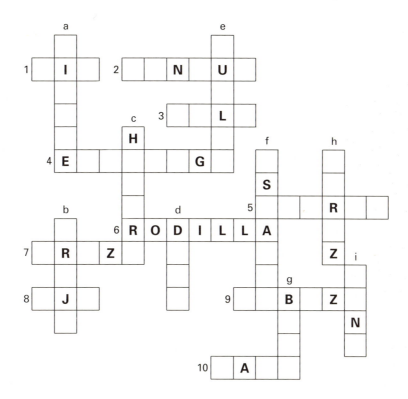

RODILLA
DEDO
BRAZO
DIENTE
BOCA
HOMBRO
CARA
NARIZ
ESTÓMAGO
LENGUA
PIE
OJO
ESPALDA
OREJA
PIERNA
CUELLO
CABEZA
PELO
MANO

2. Ahora, escribe el número o la letra que corresponde a cada parte del cuerpo y de la cara.

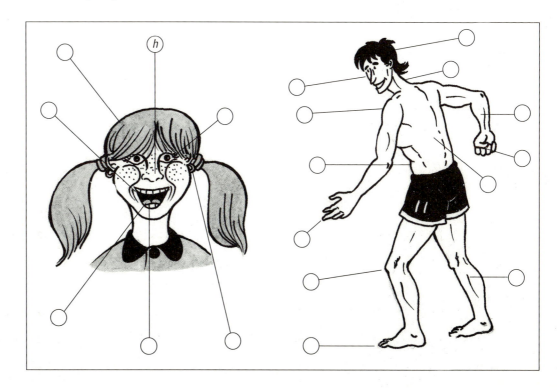

Primera parte

ANTES

3. Escucha los diálogos y, luego, complétalos.

En la consulta del médico

— Buenos días.

— Buenos días. Usted _____ .

— Doctor, me _____ la espalda.

Al teléfono

— Juan, te _____.

— Sí, dígame.

— _____ de Televisión Española.

— ¡Ah! Un momento, por favor... Usted _____ .

— _____ haciendo un programa de televisión sobre España y necesitamos su colaboración.

4. Relaciona.

Situación	¿Qué dices?
1. Coges el teléfono. No es para ti. Es para una persona que está en la habitación.	a) Te llama por teléfono. b) Llaman por teléfono. c) Te llaman por teléfono.
2. Trabajas en Información. Una persona se acerca para preguntar algo.	a) ¿Por qué ha venido? b) Usted dirá. c) ¿Qué quieres?
3. Coges el teléfono en la oficina y lo primero que dices es...	a) Hola, ¿qué tal? b) Dígame, dígame. c) Sí, dígame.

DESPUÉS

5. ¿Verdadero (V) o falso (F)?

1. Carmen no quiere hablar por teléfono porque tiene trabajo. ☐
2. Diego no está en la oficina. ☐
3. Van a hacer un programa en la nieve. ☐
4. A Carmen le duele la cabeza. ☐
5. La secretaria de Diego no está y responde el contestador automático. ☐
6. Un hombre golpea a Óscar. ☐

Segunda parte

ANTES

6.

¿Cómo lo dices?	A...		
	a) un/a amigo/a	b) un/a señor/a	c) unos/as chicos/as
1. cerrar la ventana	¿Puedes cerrar la ventana?		
2. abrir la puerta			
3. dejar de fumar			
4. dejarme el periódico			

7. Practica con tu compañero/a.

SITUACIÓN 1

Alumno/a A:

Has tenido un pequeño accidente: has subido a una escalera para arreglar una lámpara y te has caído. Te duelen el pie y la pierna derecha, y un poco la espalda. La mano derecha te duele mucho. Tienes que ir al médico.

Alumno/a B:

Eres médico. Llega un/a paciente. Pregúntale qué le duele. ¿Crees que es grave?

SITUACIÓN 2

Alumno/a A:

Eres médico. Llega un/a paciente. Pregúntale qué le duele. ¿Crees que es grave?

Alumno/a B:

Has comido un alimento (pescado, mayonesa) en mal estado. Te sientes muy mal: te duelen el estómago y la cabeza. Y, es raro, las piernas y los brazos no te duelen pero no tienes fuerza. Tienes que ir al médico.

8. **Escribe con tu compañero/a un diálogo entre el/la enfermo/a y el/la doctor/a.**

Unidad 20

DESPUÉS

9. ¿Quién dice las frases siguientes?

1. "Quería ver a la señorita Alonso." _____
2. "Oye, perdón por el retraso." _____
3. "Carmen, ¿puedes venir un momento?" _____
4. "No sé, pregunte en esa puerta." _____
5. "Me duele la cabeza." _____
6. "¿Te duele aquí?" _____

10. Responde a las siguientes preguntas relacionadas con la Telecomedia.

1. ¿Qué le pasa a Carmen? _____
2. ¿Qué hace Juan? _____
3. ¿Qué hace Óscar? _____
4. ¿Qué quiere el señor bajito? _____
5. ¿Qué le pasa a Óscar? _____

11. ¿Recuerdas?

1. ¿Dónde trabaja Carmen? _____
2. ¿Cuántas personas trabajan con Carmen? _____
3. ¿Cómo se llama el novio de Carmen? _____
4. ¿Cómo se llama el jefe de Carmen? _____
5. ¿Quién es Rosi? _____

EN RESUMEN

Completa el siguiente resumen de la Telecomedia.

Carmen, Juan y Diego están _____ mucho. Óscar llega para ver a Carmen y le pide _____ por el retraso. Van a hacer el programa "Conocer España" en la _____. Juan se _____ unos _____ y Óscar lo ayuda. Óscar hace una _____ pero tiene un accidente. Ahora le _____ mucho una _____.

Unidad 21 — Aquí nací yo

1. Pregunta a tu compañero/a qué hizo...

el mes pasado.   A: *¿Qué hiciste el mes pasado?*
　　　　　　　　B: *Estuve en Londres.*

1. el fin de semana pasado.
2. el invierno pasado.
3. en sus últimas vacaciones.
4. la semana pasada.

2. ¿Qué hizo Ana el domingo? Marca el camino en el plano.

3. Mira el plano del ejercicio 2 y practica con tu compañero/a.

SITUACIÓN 1

Alumno/a A: Estás en el mismo hotel que Joseph. Quieres ir a la catedral y después al parque. Pregunta al/a la recepcionista del hotel.

Alumno/a B: Eres el/la recepcionista del hotel de Joseph. Informa al/a la cliente/a.

SITUACIÓN 2

Alumno/a A: Eres el/la recepcionista del hotel de Joseph. Enseña el plano al/a la cliente/a e infórmalo/a.

Alumno/a B: Estás en el mismo hotel que Joseph. Quieres ir al museo y después a la Plaza Mayor. Pregunta al/a la recepcionista del hotel.

Primera parte

ANTES

4. Completa la tabla con las formas correctas del indefinido.

	trabajar	estar	hacer	escribir	ser	correr	decir
él/ella				escribió		corrió	
vosotros/as	trabajasteis						
yo	trabajé		hice		fui		dije
ustedes		estuvieron				corrieron	
nosotros/as			hicimos		fuimos		
tú				escribiste	fuiste		
ellos/as		estuvieron					dijeron

5. ¿Recuerdas? Isabel escribió a su madre desde Tenerife, poco después de llegar (Unidad 18). Pero no pudo escribir a su amiga Nuria. Escribe tú la carta para Nuria, teniendo en cuenta que ya ha pasado una semana.

> *Tenerife, 13 de julio de 1994*
>
> *Querida Nuria:*
>
> *Ya estamos en Tenerife. En estos días hemos hecho muchas cosas. El primer día (nosotros, ir) _____ a las Cañadas del Teide. Es fantástico. Es un parque muy bonito. Y (nosotros, subir) _____ al Teide, el pico más alto de España.*
>
> *El segundo día (nosotros, bañarse) _____ _____ en las piscinas del Puerto de la Cruz y más tarde (nosotros, ir) _____ a las playas del sur de la isla: Los Cristianos y Las Américas.*
>
> *En Icod de los Vinos (nosotros, ver) _____ un árbol milenario y (nosotros, comer) _____ en un restaurante típico.*
>
> *El otro día, Luis (estar) _____ con los niños en la piscina del hotel y yo (ir) _____ de compras.*
>
> *Hemos hecho muchas fotos.*
>
> *Hasta pronto. Besos,*
>
> *Isabel*

6. Lee esta biografía de Dalí y escribe los verbos en la forma adecuada.

> **1904** *(Nacer)* _____ en Figueras.
> **1921** *(Ingresar)* _____ en la Academia de Bellas Artes de Madrid.
> *(Conocer)* _____ a Buñuel y a García Lorca.
> **1922** *(Morir)* _____ su madre.
> **1927** *(Expulsarle)* _____ de la escuela. *(Diseñar)* _____ decorados de una obra de Lorca. *(Conocer)* _____ a Gala.
> **1930** *(Pintar)* _____ muchos cuadros con éxito en París.
> **1939** *(Decorar)* _____ escaparates en Nueva York.
> **1970** *(Firmar)* _____ grabados que le *(dar)* _____ mucho dinero.
> **1982** *(Morir)* _____ Gala.
> **1983** *(Celebrar)* _____ dos exposiciones, en Madrid y en Barcelona.
> **1989** *(Morir)* _____ en Figueras.

7. Ahora, contesta a las siguientes preguntas.

1. ¿Dónde nació Dalí? _____
2. ¿Quiénes fueron sus amigos? _____
3. ¿En qué año conoció a Gala? _____
4. ¿Cuándo murió? _____
5. ¿Te gusta Dalí? _____

DESPUÉS

8. ¿Qué cosas sabes de la vida de Juan?

1. _____
2. _____
3. _____
4. _____

9. Responde a las siguientes preguntas relacionadas con la Telecomedia.
1. ¿Qué personajes nuevos has visto en la Telecomedia?
2. ¿Qué tiempo hace en el pueblo de Juan?
3. ¿De qué habla la abuela de Juan?

Segunda parte

Unidad 21

ANTES

10. ¿Recuerdas?

1. Juan y Carmen están en _____.
2. Hace _____.
3. Allí viven los _____, la _____ y los _____ de Juan.
4. La abuela de Juan piensa que _____.
5. Juan tiene _____ años.
6. Juan estuvo en _____; _____ París.

DESPUÉS

11. Responde a las siguientes preguntas relacionadas con la Telecomedia.

1. ¿Qué recuerda Juan cuando habla con su madre?
   _____
2. ¿Qué le enseña la abuela a Carmen?
   _____
3. ¿Qué hace Carmen?
   _____
4. ¿Qué piensa de Carmen el primo de Juan?
   _____
5. ¿A dónde van a ir todos?
   _____

EN RESUMEN

El ordenador se ha vuelto loco y ha desordenado todas las frases. ¿Puedes poner en orden este resumen de la Telecomedia?

Más tarde, La abuela conoce a los padres, a los primos y a la abuela de Juan. Carmen piensa que es la novia de Juan. Carmen y Juan van a la plaza del pueblo a tomar unos vinos. todos han ido al pueblo de Juan. Carmen Le enseña fotos y le da su vestido de novia.

_____
_____
_____
_____
_____

Unidad 22 — En invierno

1. Escucha y lee el programa de fiestas del barrio de Gracia en Barcelona. Luego, contesta a las preguntas.

GRACIA MÁGICA

Con el recuerdo todavía fresco de los Juegos Olímpicos, el barrio de Gracia se prepara para celebrar su Fiesta Mayor, una de las más tradicionales de Barcelona. Las fiestas, bajo el lema de **Gracia Tiene Magia**, empiezan el viernes 14 y terminan el domingo día 23. El primer día tiene lugar el pregón, en el que se invita a todo el mundo a participar en las fiestas.

El 15 es el día en el que realmente empiezan las fiestas. Entre los diversos actos que se preparan, destaca el concierto de rock catalán, que se celebra en el campo de fútbol del Europa el lunes 17 a partir de las 21 horas, además de bailes, concursos, otras actuaciones y meriendas. El punto final de este programa lo ponen los tradicionales fuegos artificiales el domingo 23, a las 23 horas. En resumen, unos días en los que va a ser difícil dormir.

Texto adaptado de *La Guía del Ocio*. 7-13 de agosto de 1992.

Gracia Tiene Magia. Fiesta Mayor de Gracia. Del 15 al 23 de agosto 1992.

1. ¿Cuándo empiezan las fiestas?
2. ¿Cuándo terminan?
3. ¿A qué hora es el concierto de rock catalán?
4. ¿Dónde se celebra?
5. ¿Qué día son los fuegos artificiales?
6. ¿A qué hora?
7. ¿Qué otros actos se van a celebrar?
8. ¿Celebra tu barrio alguna fiesta tradicional?

Primera parte

ANTES

2. Escucha y completa.

1. ¿Quién?

2. ¿Qué?

3. ¿Cuándo?

4. ¿A qué hora?

3. Pide a tu compañero/a información sobre los horarios de su/vuestra ciudad.

A: *¿A qué hora empieza la gente a trabajar?*
B: *A las ocho de la mañana.*

A
cerrar cines
abrir bancos
comer
acostarse
cerrar tiendas

B
cerrar bares
salir por la noche
cenar
abrir tiendas
cerrar bancos

DESPUÉS

4. ¿Verdadero (V) o falso (F)?

1. Juan conoce a una monitora de esquí. ☐
2. El curso empieza el día 1 y termina el día 13. ☐
3. Juan nació el 20 de agosto. ☐
4. La monitora y Juan nacieron el mismo día. ☐
5. Carmen y Juan se van a quedar en el hotel por la tarde. ☐
6. Carmen conoce a un monitor de esquí. ☐
7. Carmen y Juan van a cenar a las 22 horas. ☐

Segunda parte

ANTES

5. **¿Cómo se pronuncia tu apellido? ¿Cómo se escribe? Ahora pregunta a tu compañero/a.**

6. **¿Qué haces habitualmente en invierno?**

    Voy a esquiar.

    1. _____
    2. _____
    3. _____
    4. _____

7. **¿Qué hiciste el invierno pasado? Compara con tu compañero/a.**

    Fui a esquiar.

    1. _____
    2. _____
    3. _____
    4. _____

DESPUÉS

8. **Responde a las siguientes preguntas relacionadas con la Telecomedia.**

    1. ¿A dónde van Carmen y Juan por la tarde?
       _____
    2. ¿Cómo se llama la monitora de esquí?
       _____
    3. ¿Cómo se pronuncia el apellido de la monitora?
       _____
    4. ¿Y cómo se llama el monitor?
       _____
    5. ¿A dónde van todos?
       _____
    6. ¿Qué le pasa a Juan?
       _____
    7. ¿Por qué se enfada Cecilia?
       _____

Unidad 22

9. Éstas son cosas que se pueden hacer en invierno. Escribe una frase para cada dibujo.

1. *En invierno, se puede celebrar la Navidad.*
2. _____.
3. _____.
4. _____.
5. _____.
6. _____.

EN RESUMEN   Escribe con tu compañero/a el resumen de la Telecomedia.

Unidad 23 — Que vienen los primos

1. Mira este cuadro de distancias entre algunas de las ciudades españolas más importantes. Pregunta a tu compañero/a qué distancia hay entre unas y otras.

A: *¿A cuánto está Ávila de Madrid?*
B: *A 115 kilómetros.*

A

Ávila - Madrid
Gerona - Granada
La Coruña - Pontevedra
Salamanca - Bilbao
Málaga - Guadalajara

B

Cáceres - Zamora
Cuenca - Santander
Oviedo - Barcelona
San Sebastián - Toledo
Madrid - Segovia

Ávila

717	**Barcelona**																
401	620	**Bilbao**															
229	918	605	**Cáceres**														
538	1118	644	683	**La Coruña**													
282	562	562	451	776	**Cuenca**												
817	100	720	1018	1218	662	**Gerona**											
534	868	829	485	1043	479	968	**Granada**										
173	563	396	355	667	186	663	492	**Guadalajara**									
115	621	395	297	609	167	721	434	58	**Madrid**								
644	997	939	506	1153	615	1097	129	602	544	**Málaga**							
373	902	304	525	340	618	1002	885	509	451	995	**Oviedo**						
545	1129	707	658	121	791	1229	1057	681	623	1153	390	**Pontevedra**					
97	778	395	210	473	379	878	631	270	212	756	315	440	**Salamanca**				
475	529	119	679	763	636	629	903	441	469	1013	423	781	469	**San Sebastián**			
369	693	108	573	547	560	793	827	394	393	937	207	666	363	227	**Santander**		
67	650	355	296	560	254	750	521	145	87	631	363	569	164	429	359	**Segovia**	
493	1046	933	264	947	583	1146	256	596	538	219	789	922	474	1007	837	560	**Sevilla**
137	692	466	264	675	187	792	397	129	71	507	510	682	234	540	464	158	458	**Toledo**
467	349	633	636	961	220	449	519	410	352	648	803	975	564	594	673	439	697	372	**Zamora**
159	759	376	272	411	415	859	682	306	248	792	253	286	62	450	344	18	536	296	332

Primera parte

ANTES

2. Escucha y contesta a las preguntas.

1. ¿Está muy lejos El Escorial?

   _____

2. ¿En qué se puede ir a Aranjuez?

   _____

3. ¿Y a Ávila?

   _____

4. ¿A cuánto está Ávila de Madrid?

   _____

3. Vuelve un momento a la Telecomedia de la Unidad 21.

1. ¿Dónde están Carmen y Juan?

   _____

2. ¿A quién más conocemos?

   _____

3. ¿Qué van a hacer los primos de Juan el próximo mes?

   _____

DESPUÉS

4. Ahora, responde a las siguientes preguntas relacionadas con la Telecomedia.

1. ¿Quién ha venido a Madrid y por qué?

   _____

2. ¿A quién buscan?

   _____

3. ¿Qué hace Carmen?

   _____

4. ¿Qué hace Juan?

   _____

5. Carmen para el coche. ¿Qué van a hacer?

   _____

6. ¿Qué pasa con el coche de Carmen?

Segunda parte

ANTES **5. Pregunta a tu compañero/a qué prefiere.**

A

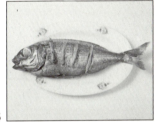

B

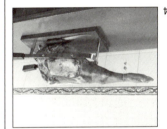

1. A: *¿Qué prefieres, el agua o los zumos?*
   B: *Los zumos. Sobre todo el zumo de naranja.*

 6. Con un plano de tu ciudad, pregunta a tu compañero/a por dónde se va a distintos sitios.

A: *¿Por dónde se va a la Puerta del Sol?*
B: *Sigue todo recto por la calle de Alcalá.*

Ayuda: todo recto	a la derecha	al lado de	cruza
a la izquierda	enfrente de	al final de	tuerce

Unidad 23

DESPUÉS

7. Completa este diálogo de la Telecomedia.

CARLOS: _____

CARMEN: _____

TAXISTA: ¡Vaya!

CARMEN: _____

TAXISTA: Está a unos diez minutos de aquí.

QUIQUE: _____

TAXISTA: _____

QUIQUE: Dame la cámara, que voy a hacer una foto.

CARMEN: ¿Cuántas fotos quedan?

QUIQUE: _____

Carmen

— Ir al Depósito Municipal y recoger el coche.
— Al Depósito Municipal de coches, por favor. Pero, ¿a cuánto está el Depósito?

Carlos/Quique

— Y ahora, ¿qué hacemos?
— Esto es el Retiro, ¿verdad?
— Unas ocho.

Taxista

— Está a unos diez minutos de aquí.
— Cuidado, que pasan coches.

EN RESUMEN **Completa el siguiente resumen de la Telecomedia.**

Los _____ de Juan llegan a Madrid. Están haciendo la _____. Van a _____ de Carmen porque piensan que Juan _____ allí. Pero Juan está _____ en su casa. Carmen los _____ a casa de Juan, pero por el camino _____ fotos, _____ algo en un bar y la grúa ____ _____ el coche de Carmen. Entonces van todos en taxi a buscar el coche al Depósito Municipal, que está a _____ diez minutos de allí. Al pasar por el parque del Retiro, los chicos _____ del coche para hacer fotos y se _____ allí. De pronto aparece Juan, que se ____ _____ y está corriendo por el parque. Cuando Carmen _____ ya están todos juntos y ésta decide irse a casa a dormir un poco más.

Unidad 24 Me gusta Sevilla

 1. Escucha y lee el siguiente texto. Luego, contesta a las preguntas.

Sevilla está situada en el valle del Guadalquivir. En sus calles, patios y casas puede verse el paso de las diferentes culturas que han configurado la ciudad.

De la época romana se conservan restos tan importantes como la necrópolis de Carmona y las ruinas de Itálica, donde nacieron los emperadores Trajano y Adriano.

Pero el mayor rastro cultural, el arte mudéjar, lo dejaron los árabes que durante siglos habitaron Sevilla. El monumento más popular de esta época es la Giralda, torre situada al lado de la Catedral.

Otros ejemplos del arte mudéjar son el Alcázar, el Palacio de las Dueñas o la Torre del Oro. Esta torre del siglo XII fue llamada así por los azulejos dorados que la cubrían.

En Sevilla nacieron pintores como Velázquez, Murillo y Zurbarán; poetas como Bécquer y Machado, y encontraron inspiración músicos como Rossini o Mozart.

Dos exposiciones universales se han celebrado en Sevilla: la Exposición Iberoamericana de 1929, para la que se construyó la Plaza de España en el parque de María Luisa, y la Exposición Universal de 1992, en la isla de la Cartuja.

1. ¿Cuál es la cultura que ha dejado más huella en Sevilla?
   _____

2. ¿Por qué?
   _____

3. ¿Qué monumento se ha convertido en el símbolo de Sevilla?
   _____

4. ¿Cuáles son las exposiciones que se han celebrado en Sevilla?
   _____

5. ¿Conoces Sevilla?
   _____

Primera parte

ANTES

2. Si ordenas las letras de cada palabra descubrirás actividades que pueden hacerse en el tiempo libre.

1. E R E L _____
2. T N E S I _____
3. A T E O R T _____
4. N C I E _____
5. Ó T L V E E S I N I _____
6. J A V A I R _____
7. S Ú M C I A _____
8. P E R T D O E _____

3. Ahora pregunta a tu compañero/a si le gusta hacer las actividades anteriores.

A: *¿Te gusta leer?*
B: *Sí, me gusta leer./No, no me gusta mucho.*

4. Haz una lista de personajes, música u objetos que te gustan y otra de cosas que no te gustan.

Me gusta la música clásica.   *No me gusta la cebolla.*

_____   _____
_____   _____
_____   _____
_____   _____
_____   _____
_____   _____

5. Compara con tu compañero/a vuestras respuestas al ejercicio anterior. ¿Estáis de acuerdo?

A: *A mí también me gusta la música clásica.*
B: *A mí tampoco me gusta la cebolla./A mí sí me gusta la cebolla.*

6. Relaciona según tus gustos.

1. Me gustan
2. Me gusta
3. No me gusta
4. No me gustan

a) los toros.
b) la paella.
c) la poesía.
d) los espaguetis.

7. Completa este cuestionario y compara con tu compañero/a. Luego, dile a los/las demás qué le gusta a tu compañero/a.

| no me gusta/n nada | no me gusta/n | me gusta/n mucho | me encanta/n |

Los toros _____
Las discotecas _____
La música pop _____
La ópera _____
Las películas de terror _____
El fútbol _____
Leer _____
Salir con amigos _____
Viajar _____

DESPUÉS

8. ¿Verdadero (V) o falso (F)?

1. Carmen le gusta a Manuel. ☐
2. A Juan le gusta la modelo. ☐
3. A Carmen también le gusta la modelo. ☐
4. Juan conoce Sevilla. ☐
5. A Juan no le gusta nada Manuel. ☐

9. ¿Cómo crees que continúa la historia?

Segunda parte

Unidad 24

ANTES

10. Elige tres ciudades y di lo que te gusta o no te gusta de ellas.

Bueno	Malo
Me gusta París por su luz.	No me gusta París por la contaminación.

DESPUÉS

11. Marca lo que hacen Juan, Manuel y Carmen en Sevilla.

- [ ] Bailar flamenco.
- [ ] Ir a los toros.
- [ ] Beber fino.
- [ ] Comer gazpacho.
- [ ] Ir de tapas y comer "pescaíto" frito, jamón y queso.
- [ ] Subir a la Giralda.
- [ ] Divertirse en la Feria de Abril.
- [ ] Pasear en coche de caballos.

EN RESUMEN

Este texto no dice la verdad. Corrígelo.

Carmen y Juan están en Madrid. Van a hacer un programa de televisión. En la Plaza de España se encuentran con Antonio, un hermano de Carmen. A Juan no le gusta la modelo que trabaja con Antonio. Carmen piensa que está muy gorda.

Por la noche se van los tres a cenar a un restaurante. Toman mucho cava y pescaditos fritos. A Juan no le gusta el vino. Carmen y su hermano bailan muchas sevillanas, pero Juan se ha dormido porque no le gusta Antonio. Juan, al final, decide irse a casa a descansar.

Unidad 25 ¿Cuál quiere?

1. ¿Recuerdas cómo se llaman estos objetos? Escríbelo.

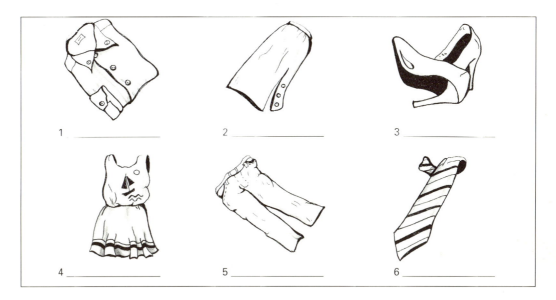

1 _____ 2 _____ 3 _____
4 _____ 5 _____ 6 _____

2. Escucha y completa los diálogos con las palabras del recuadro.

| qué | cuál | cuáles | el | la | los | las |

1. — Juan, ¿tienes unos pantalones para prestarme?
   — Sí, ¿_____ quieres?
   — _____ negros.

2. — ¿_____ día vamos a cenar? ¿El lunes o el martes?
   — _____ martes.

3. — ¿Y las llaves?
   — ¿Cuáles?
   — _____ del coche.

4. — ¿_____ es el número de teléfono de Isabel?
   — ¿_____? ¿El del trabajo o el de su casa?
   — _____ de su casa.

5. — ¿_____ quieres tomar?
   — Un café, gracias.

6. — María, ¿dónde está la camisa?
   — ¿_____?
   — _____ de rayas grises.

Primera parte

ANTES

3. Practica con tu compañero/a.

SITUACIÓN 1

Alumno/a A:

Estás pasando tus vacaciones de verano en un hotel. Pero te encuentras con ciertos problemas. Reclama al/a la recepcionista.

– No hay agua caliente.

– El aire acondicionado no funciona.

– Tienes una habitación interior y en la agencia te dijeron que era exterior y con vistas al mar.

– La piscina no está abierta y, aunque hace mucho calor, no te puedes bañar.

Alumno/a B:

Eres el/la recepcionista del hotel. Intenta calmar al/a la cliente/a y buscar una solución a sus problemas.

SITUACIÓN 2

Alumno/a A:

Eres el/la camarero/a del restaurante. Intenta calmar al/a la cliente/a y buscar una solución a sus problemas.

Alumno/a B:

Estás comiendo en un restaurante. Es invierno y hace mucho frío. Pides una sopa bien caliente. Y ahí empiezan tus problemas. Reclama.

– La sopa está fría.

– Hay un pelo en la sopa.

– La calefacción no funciona.

– El servicio no es muy bueno.

¿Qué otras reclamaciones son frecuentes en los hoteles y restaurantes? ¿Has tenido alguna vez este tipo de problemas?

DESPUÉS

4. Responde a las siguientes preguntas relacionadas con la Telecomedia.

1. Juan tiene problemas en su habitación; ¿con qué?
   _____

2. Juan se queja. ¿Qué dice?
   _____

3. ¿Dónde van Carmen, Juan y Manuel?
   _____

4. ¿Por qué no quiere ir Juan?
   _____

5. ¿Qué compra Manuel?
   _____

5. Inventa posibles respuestas para completar estos diálogos.

1. — ¿Dónde está el disco?
   — ¿Cuál?
   — _____.

2. — Esas películas me encantan.
   — ¿Cuáles?
   — _____.

3. — Susana, ¿y mis pantalones?
   — ¿Cuáles?
   — _____.

4. — ¿Has visto la foto?
   — ¿Cuál?
   — _____.

6. Averigua la talla y el número que usan tus compañeros/as.

A: *¿Qué talla de pantalones tienes?*
B: *La 40. Pero si son pantalones vaqueros, la 42.*

Segunda parte

Unidad 25

ANTES **7.** Escucha estas dos conversaciones y completa el cuadro.

	Diálogo 1	Diálogo 2
¿Qué compra?		
¿De qué es/son?		
¿De qué talla/número?		

DESPUÉS **8.** Responde a las siguientes preguntas relacionadas con la Telecomedia.

1. ¿A quién conocen Carmen y Juan en el mercadillo?
   _____

2. ¿Qué le gusta a Carmen?
   _____

3. ¿Qué talla tiene Carmen?
   _____

4. ¿Qué se prueba Juan?
   _____

5. ¿Qué número de calzado usa Juan?
   _____

EN RESUMEN Completa el siguiente resumen de la Telecomedia.

Juan, Carmen y Manuel _____ anoche a tomar copas por Sevilla. A Juan hoy _____ mucho la cabeza y no quiere salir del hotel. Cuando se levanta por la mañana, descubre que no _____ agua caliente y que la nevera _____. Llama a la recepción del hotel y se _____.
Al final sale del _____ con Carmen y se encuentran con Manuel. Deciden ir a _____ cosas típicas de Sevilla. Manuel le _____ una rosa a Carmen. Van hasta un _____ y conocen a la _____ de Manuel. Carmen ve un vestido de andaluza que le gusta. Su _____ es la 38. Juan se prueba unas botas del _____ 42. Pero son pequeñas.

Unidad 26 — Bailábamos, bailábamos, bailábamos

1. Después de ver las unidades anteriores, ¿qué te sugiere la palabra "Sevilla"? Escribe todo lo que puedas relacionar con esta ciudad.

la Giralda _____ _____ _____

_____ _____ _____

_____ _____ _____

_____ _____ _____

_____ _____ _____

2. Resume en pocas palabras qué cosas han hecho Carmen y Juan en Sevilla durante estos días.

3. Relaciona cada dibujo con la palabra correspondiente.

___ LADRÓN   ___ CASTILLO   ___ TORMENTA   ___ MONSTRUO

___ RATÓN   ___ FANTASMA   ___ NOCHE   ___ GRITO

¿Qué es lo que más miedo te da?

Primera parte

ANTES

4. Responde a estas preguntas relacionadas con la Presentación.

1. ¿Dónde está Luis Cánovas?

2. ¿De qué tipo de historia crees que va a tratar la Telecomedia?

3. ¿Por qué?

4. ¿Ha habido alguna vez algún lugar con fama de misterioso en tu ciudad?

5. Completa, si es necesario, con la preposición adecuada.

1. ¡Carlos! ¡Un telegrama _____ ti!
2. ¿Cenamos _____ una pizzería?
3. ¿_____ quién es esto? ¿_____ mí?
4. ¡No toques eso! Es _____ mío.
5. Ayer fuimos _____ el campo.
6. Esta tarde voy al cine _____ Arturo.
7. Este libro es _____ David.
8. ¿_____ quién lo han traído?

DESPUÉS

6. Responde a las siguientes preguntas relacionadas con la Telecomedia.

1. ¿Dónde están Carmen y Juan?

2. ¿Qué pasa con el lugar?

3. Describe a la mujer que aparece en las imágenes.

4. ¿Te recuerda a algún otro personaje famoso?

5. ¿Qué le deja la mujer a Carmen?

6. ¿Qué hace Juan?

7. ¿Cómo crees que continúa la historia?

Segunda parte

ANTES

7. Vas a ver la Presentación de la Segunda parte de la unidad. Imagina que el pescador es una persona que conociste hace mucho tiempo y descríbelo. Cuenta cómo era y lo que hacía.

Una vez conocí a un hombre, un pescador. Era _____
_____
_____
_____
_____
_____
_____
_____

¿Qué hace ahora el pescador?

8. Si completas el texto con la forma adecuada de cada verbo, obtendrás un resumen del principio de la Telecomedia.

Juan (conoció/conocía) _____ a Carmen en un tren que (fue/iba) _____ a Madrid. (Entró/Entraba) _____ por error en el compartimento de Carmen, ¿recuerdas? (Hablaron/Hablaban) _____ por primera vez en la cafetería del tren, mientras (desayunaron/desayunaban) _____. Carmen todavía (estuvo/estaba) _____ un poco enfadada con Juan. Luego, poco a poco, (vio/veía) _____ que Juan (fue/era) _____ en realidad bastante simpático. ¡Menos mal! ¡Porque (fueron/iban) _____ a trabajar juntos!

DESPUÉS

9. Pregunta a tu compañero/a qué hacía...

– cuando era pequeño.

– cuando iba a la escuela.

– hace cinco años.

– en 1980.

A: *¿Qué hacías cuando ibas a la escuela?*
B: *Pues... Jugaba mucho y estudiaba poco.*

Unidad 26

10. Responde a las siguientes preguntas relacionadas con la Telecomedia.

1. ¿Cómo se llama la mujer del cuadro?
   _____

2. ¿Qué le gustaba antes?
   _____

3. ¿Qué hacía?
   _____

4. ¿Te ha pasado alguna vez una historia así? ¿Crees que es posible?
   _____

11. Escribe con tu compañero/a una pequeña historia de misterio. Podéis utilizar todas o algunas de las palabras del recuadro.

| noche | fantasma | castillo | gritar | correr | ruido |
| tener miedo | escalera | luz | gato negro | papel | puerta |

EN RESUMEN

Escucha el resumen de la Telecomedia y complétalo.

Carmen y Juan _____ en el Palacio de Lebrija preparando un programa de televisión. Conocieron a una mujer que le dio a Carmen un libro y olvidó unas llaves. Juan fue a buscarla y encontró a otra mujer que se _____ mucho a Carmen. _____ un fantasma que le explicó a Juan lo que ella _____ antes. Dijo que _____ casi cada noche a la casa. En esa casa _____ un hombre y daba _____ fiestas. _____ también todos sus amigos y _____, _____... Hasta que un _____ algo sucedió.

¿Qué pudo suceder?

Unidad 27 — Juan ha encontrado casa

Repaso 2

1. Carmen y Juan hacen un programa titulado *Conocer España*. Tú has estado con ellos en algunos lugares de España. ¿Cuáles recuerdas? Observa el mapa, elige tres de esos lugares y escribe lo que sabes de ellos. Puedes hablar del tiempo, de la gente, de la forma de vida, de los monumentos, de las calles, de las viviendas o de lo más típico. Luego, pregunta a tu compañero/a si conoce algo más de estos lugares y coméntale lo que tú has escrito.

1. _____

2. _____

3. _____

Telecomedia

ANTES

2. Observa con tu compañero/a estos anuncios de pisos. Pensad cuál es el piso ideal para:

a) una familia compuesta de padre, madre y tres hijos: una niña y dos niños.
b) un matrimonio anciano.
c) Juan Serrano.
d) un grupo de estudiantes extranjeros: tres chicas y dos chicos.

1. Piso en alquiler. Zona tranquila. Muy soleado, tres habitaciones, dos baños, cocina equipada, salón-comedor, terraza, piscina, jardín. Alquiler 180.000 ptas. Tel. 675 89 06.

2. Se alquila piso dúplex. Zona céntrica, frente a parque. Tres habitaciones, comedor, cocina, salón 30 m², baño y aseo. Precio 105.000 ptas. Tel. 336 55 42.

3. Calle Sagunto, 4º piso, 60 m², dos habitaciones, mucho sol, calefacción, ascensor, para entrar a vivir. 50.000 ptas. Tel. 280 66 40.

4. Piso en La Vaguada, antiguo, bien comunicado, amueblado, ideal estudiantes, cuatro habitaciones, baño, aseo, salón-comedor, sin ascensor, muy buen precio. 70.000 ptas. Teléfono: 876 12 03.

5. **Zona Retiro,** ático de dos habitaciones, baño, cocina americana, gran salón, terraza, todo nuevo y moderno. Alquiler 80.000 ptas. Tel. 229 48 65.

3. Dibuja el plano de uno de los pisos anteriores. Tu compañero/a tiene que averiguar cuál es.

4. Desde hace unos días, Teresa Gómez vive en un nuevo piso. Antes vivía en uno demasiado pequeño y decidió cambiarse. Ordena lo que Teresa ha tenido que hacer para mudarse de casa.

___ ordenar cosas   ___ celebrar fiesta   ___ ver piso

_1_ mirar periódico   ___ llamar agencia   ___ alquilar piso

___ hacer traslado   ___ deshacer paquetes   ___ hacer paquetes

5. Escribe un texto explicando el traslado de Teresa. Utiliza las expresiones del recuadro.

| primero | entonces | después | por último | luego | al final |

Teresa ha tenido mucho trabajo hasta que ha conseguido vivir cómodamente en su apartamento. Primero _____

_____

_____

_____

_____

6. Escribe el anuncio del piso que encontró Teresa teniendo en cuenta los datos del recuadro.

– Teresa tiene 35 años;
– es pintora profesional y vive de sus cuadros;
– está divorciada y tiene un niño de cinco años;
– sus padres no viven en Madrid y pasan algunas temporadas en su casa;
– tiene bastantes gastos y no puede gastar mucho en un piso.

ALQUILO PISO

Unidad 27

DESPUÉS

7. Juan ha encontrado casa pero, ¿qué ha tenido que hacer antes y después de alquilar su apartamento?

8. Contesta, con respuestas lo más completas posible, a las siguientes preguntas relacionadas con la Telecomedia.

   1. ¿Quién vivió en el apartamento de Juan? *En el apartamento de Juan vivió un pintor que era soltero y que ahora vive en Barcelona.*

   2. ¿Conoce Juan Barcelona? ¿Por qué? _____

   3. ¿Dónde vivía Juan antes? _____

   4. ¿Qué han llevado Juan y Carmen a la nueva casa? _____

   5. ¿Cuánto tiempo estuvo Juan haciendo paquetes? _____

   6. ¿Por qué han ido Diego y Rosi a casa de Juan? _____

   7. ¿Qué hace Rosi por las tardes? _____

   8. ¿Dónde han estado María y David durante unos días? _____

   9. ¿Quién ha llegado el último a casa de Juan? _____

EN RESUMEN

Escribe siete palabras relacionadas con la Telecomedia. Dale las palabras a tu compañero/a, y con las que él/ella te dé, escribe el resumen de la Telecomedia. Puedes utilizar, también, las expresiones del ejercicio 5.

Unidad 28   Ésta es más bonita

1. Lee en voz alta el siguiente texto.

*El Rastro es uno de los **mercadillos** más **populares** de España. Los domingos, los vendedores ponen sus **puestos** en varias calles de la zona más **antigua** de Madrid, a la que va mucha gente. En el Rastro se venden objetos viejos, **de segunda mano** y baratos, pero también objetos muy **antiguos** y caros. Mucha gente **regatea** antes de comprar para pagar menos pero, a veces, los vendedores no quieren cambiar el precio y no **regatean** con el comprador. **Alrededor** del Rastro hay bastantes tiendas de **antigüedades** con objetos tan curiosos como los del Rastro. De hecho, en el Rastro y en muchos otros **mercadillos** se **encuentran** cosas más viejas y más extrañas que en las tiendas, por eso a la gente le gusta ir allí los domingos: a mirar, a comprar y, en muchas ocasiones, simplemente a distraerse y pasar la mañana.*

2. Busca la definición de las palabras destacadas en el texto anterior. Luego, completa el ejercicio. Por fin, vuelve a leer el texto.

1. adj. Que es conocido o famoso. *Este cantante es muy _____ en mi país.*

2. v. tr. Ver algo que se buscaba o no se buscaba. *Ayer _____ las llaves en el bolsillo de la chaqueta.*

3. adj. Que existe desde hace mucho tiempo. *El domingo hay un rally de coches _____.*

4. s. m. Conjunto de puestos, que están al aire libre, donde se pueden comprar cosas muy diferentes y a buen precio. *Todos los martes y jueves hay _____ en la plaza del pueblo.*

5. loc. adj. Que ya lo ha usado otra persona. *Conozco una tienda en la que venden ropa _____.*

6. s. m. Tienda pequeña que se pone en la calle de forma no permanente. *En verano hay muchos _____ de helados en las calles.*

7. v. tr. e intr. Discutir el precio de una cosa en venta para conseguirla más barata. *Julián casi siempre _____ antes de comprar algo.*

8. s. f. pl. Obras de arte antiguas. *El castillo está lleno de _____ del siglo XVI: muebles, tapices, cuadros...*

9. adv. Rodeando a una persona, animal o cosa. *_____ de la plaza hay muchos árboles.*

Primera parte

ANTES

3. Compara como en el modelo.

1. los objetos de los mercadillos/los objetos de las tiendas: viejos

   Los objetos de los mercadillos son más viejos que los objetos de las tiendas.

2. la ropa de segunda mano/la ropa nueva: barata
   _____

3. los objetos viejos/los objetos antiguos: caros
   _____

4. ningún mercadillo/el Rastro: popular
   _____

5. la zona del Rastro/la zona del Retiro: antigua
   _____

6. algunos objetos/una obra de arte: valor
   _____

4. Escucha y completa el siguiente diálogo con las palabras del recuadro.

tan	tanto	igual/es	más	menos	mejor	como
que	lo	uno/s	éste/éstos	ése/ésos	otro/s	

DEPENDIENTA: Buenos días. ¿En qué puedo servirle?

CLIENTE: Buenos días. Estoy buscando un paraguas de caballero.

DEPENDIENTA: ¿Cómo _____ quiere?

CLIENTE: No sé, quiero _____ bueno, pero no _____ grande _____ _____.

DEPENDIENTA: Tenemos este modelo con el mango de madera en varios colores.

CLIENTE: Sí, _____ me gusta, pero es bastante caro. ¿No tiene _____ más barato?

DEPENDIENTA: Mire, todos _____ son _____ baratos, pero no son _____ buenos, y luego tenemos _____, que son un poco _____ caros pero no cuestan _____ _____ el primero. ¿Le gustan?

CLIENTE: Sí, pero, ¿la calidad es _____? ¿_____ son buenos?

DEPENDIENTA: Sí, sí, la calidad de estos paraguas es _____ _____ la del _____ porque son de la misma marca. Son _____ baratos porque el mango es de plástico.

CLIENTE: Ah, bueno, eso no me importa. ¿Sólo tienen estos colores?

DEPENDIENTA: Sí, en azul y en verde.

CLIENTE: Bueno, me llevo el verde, parece _____ elegante _____ el otro.

Segunda parte

5. Practica con tu compañero/a.

A
Buscas un reloj para una chica joven, no muy caro, de colores y divertido.

B
Eres dependiente/a en una relojería. Tienes bastantes relojes de precios muy distintos.

A
Eres dependiente/a en una tienda de antigüedades. Tienes varios floreros de muy distintos precios.

B
Buscas un florero para unos amigos, grande, de cristal y de color azul.

DESPUÉS

6. Marca la respuesta adecuada.

	SÍ	NO	NO SÉ
1. En el Rastro venden sillones.			
2. Juan va al Rastro a comprar un regalo para Carmen.			
3. Las tiendas de antigüedades son muy pequeñas.			
4. Carmen va al Rastro con Juan.			
5. Los objetos más baratos son los más feos.			
6. A Juan le gusta regatear.			
7. En el Rastro se pueden tocar los objetos.			
8. Juan ha comprado una lámpara.			

7. Observa estos dibujos. Luego, escucha los diálogos y relaciona cada uno con el dibujo correspondiente.

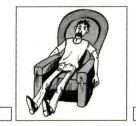   

Segunda parte
Unidad 28

ANTES

8. Pide consejo a tu compañero/a y, después, aconséjalo/a tú de la mejor forma.

A

Hoy has salido de tu casa sin las llaves. Tus vecinos tienen una copia, pero son las doce y media de la noche.

B

Alquilaste un piso por 90.000 pesetas al mes, pero éste es tu primer mes y te han cobrado 110.000 pesetas.

A

Tu hermano te ha prestado su coche y has tenido una avería que va a costar 35.000 pesetas.

B

Necesitas enviar una carta urgente a un país extranjero, pero hoy Correos está cerrado porque hay una huelga.

DESPUÉS

9. Responde a estas preguntas relacionadas con la Telecomedia.

1. ¿Quién le regaló el broche a la dependienta? _____

2. ¿Cómo era el broche? _____

3. ¿Qué pasó con el broche? Escribe la historia del broche desde que la dependienta lo perdió hasta que Carmen le regala el suyo. _____
   _____
   _____

4. ¿Cómo es la lámpara que la dependienta regala a Carmen? _____
   _____

EN RESUMEN

Cuando Carmen llega a su casa le cuenta a su madre su mañana en el Rastro. Escribe su narración.

Juan y yo hemos llegado al Rastro a primera hora. Primero _____
_____
_____
_____
_____
_____

Unidad 29 — Era un chico estupendo

1. Lee este texto en el que el señor Ribera cuenta sus años de estudiante. Después, escucha lo que dice su hijo Diego de su propia vida de estudiante. ¿Qué cosas han cambiado? Toma nota de los cambios y coméntalos con tu compañero/a.

Mis años de estudiante... Recuerdo con gran cariño mis años de estudiante en Salamanca, entre 1953 y 1958. Salamanca era una ciudad pequeña y muy tranquila. Los estudiantes vivían en pensiones o en residencias cerca de la Universidad. Había muy pocos coches y nosotros andábamos por la mitad de las calles, hablando y riendo. Yo estudiaba mucho y pasaba muchas horas en la biblioteca porque antes no había fotocopias y los libros eran muy caros. También hablábamos mucho. La conversación era una importante forma de aprender: yo iba con varios amigos a un café en la Plaza Mayor y hablábamos de las asignaturas que estudiábamos, y de política, aunque no podíamos decir muchas cosas que estaban prohibidas: "Yo creo que...", "Pues yo no estoy de acuerdo, ten en cuenta que...", "Sí, pero no olvides que...". También nos divertíamos bastante. Algunas noches salíamos de la pensión y nos íbamos con la tuna. Íbamos a un bar y cantábamos, comíamos, tomábamos alguna copa y nos reíamos toda la noche. A veces íbamos a cantar por las calles y cantábamos debajo de la ventana de una chica. Había pocas mujeres en la Universidad en aquella época, en mi clase sólo había tres. ¡Ah, qué tiempos aquéllos!

ANTES	AHORA
vivían en pensiones o residencias	*viven en pisos compartidos*

Primera parte

ANTES

2. Imagina cómo era Juan cuando era estudiante. Elige uno de estos aspectos y compara tu opinión con la de tu compañero/a.

1. como amigo
2. como estudiante
3. como chico
4. como hijo

DESPUÉS

3. Marca la respuesta adecuada.

1. En su época de estudiante, Juan iba a la biblioteca y allí...
   a) estudiaba mucho.
   b) oía los partidos de fútbol.
   c) dormía un rato.

2. Juan cree que en la Universidad...
   a) todo está igual que antes.
   b) han cambiado muchas cosas.
   c) ha cambiado un cuadro de sitio.

3. Carmen es...
   a) compañera de trabajo de Miriam.
   b) amiga de Daniel.
   c) amiga de Miriam.

4. Juan y Daniel hablan de dónde estaba la biblioteca porque...
   a) se acuerdan de ella.
   b) no se acuerdan de ella.
   c) Juan se acuerda pero Daniel no.

5. Miriam es...
   a) amiga de Juan.
   b) novia de Daniel.
   c) compañera de trabajo de Daniel.

6. Miriam...
   a) puede vivir sin Daniel.
   b) no puede vivir sin Daniel.
   c) está viviendo con Daniel.

4. Practica con tus compañeros/as.

Alumno/a A:

Has invitado a tus amigos/as a comer una paella en tu casa. Tú has comprado el arroz y el marisco y le has pedido a tus invitados/as que traigan los refrescos, el hielo, el pan, unos tomates para hacer una ensalada, un poco de queso y jamón para el aperitivo y unos pasteles. Pregúntales por todo ello.

Alumno/a B:

Tú has traído refrescos, pasteles de chocolate y tomates. Crees que C ha traído el queso y el jamón, y que D ha traído el pan y el hielo.

Alumno/a C:

Tú has traído pan y pasteles de nata. Crees que B ha traído los refrescos, el hielo y el jamón, y que D se ha encargado del queso y de los tomates.

Alumno/a D:

Tú has traído jamón, queso y tomates. Crees que B ha traído el pan y los pasteles, y que C ha traído los refrescos y el hielo.

Segunda parte

ANTES

5. Lee el siguiente texto. Luego di qué opinas del olor a tabaco y del olor a perfume. Pregúntale a tu compañero/a qué opina él/ella.

Historia de un olor prohibido

Todo empezó con prohibir fumar en algunos lugares públicos. Cada vez fueron más y más los lugares hasta llegar a dividir los restaurantes en zonas para fumadores y para no fumadores, porque a éstos últimos no les gustaba el olor a tabaco. Ahora tampoco huelen a tabaco los aviones, ni los trenes o los autobuses, ni muchas casas particulares.

Por motivos parecidos, un grupo de californianos asociados en la Environmental Health Network pide que se prohíba entrar en lugares públicos a la gente con perfume, loción para después del afeitado o colonia. Piden, por ejemplo, zonas reservadas en los restaurantes para la gente perfumada y piden prohibir la entrada a estas personas en los hospitales, porque los perfumes son malos para la salud.

Aquéllos que encuentran la noticia divertida deben recordar que hace veinte años, cuando llegaban las primeras noticias de las campañas antitabaco, también había gente que las encontraba divertidas y pensaba que nunca nadie iba a conseguir eliminar el humo y el olor del tabaco de nuestras vidas...

Texto adaptado de *El Periódico de Catalunya*. 20 de diciembre de 1991.

6. Haz una lista de olores agradables y otra de olores desagradables. Compara con tus compañeros/as y di en qué lugares o momentos puedes percibir esos olores.

OLOR AGRADABLE	OLOR DESAGRADABLE	LUGAR/MOMENTO
café		En casa, por la mañana.
	sudor	Después de un partido de fútbol.

7. ¿Qué cosas saben bien o mal? Elige algunas y contesta según tus gustos.

¡Qué bien sabe la tarta de manzana!

¡Qué mal sabe el café solo! ¡Es muy amargo!

Unidad 29

DESPUÉS

8. ¿Verdadero (V) o falso (F)?

1. Cuando Juan era estudiante, era un chico estupendo. ☐
2. Daniel y Juan están tomando bebidas con alcohol. ☐
3. La bebida de Juan huele a naranja. ☐
4. En el bar hay mucha gente. ☐
5. Juan parece un camarero. ☐
6. El camarero le da su chaqueta a Juan. ☐
7. En el bar se oye música de discoteca. ☐

9. ¿Recuerdas algún objeto especial de tu infancia: un juguete, una bicicleta, una mascota, un regalo...? Escribe cómo era y qué pasó con él.

_____
_____
_____
_____
_____
_____
_____

EN RESUMEN

Resume la información que has recogido en la Telecomedia.

1. Carmen y Juan han ido a _____
_____
_____

2. Durante el día, Juan _____
_____
_____

3. En su época de estudiante, Juan era _____
_____
_____

Unidad 30 — Me parece que sí

1. Relaciona cada dibujo con el nombre que le corresponde. Luego di lo que opinas del presupuesto para esta boda.

_10_ viaje de novios

___ anillos

___ traje del novio

___ músicos

___ banquete

___ ceremonia religiosa

___ fotógrafo

___ vestido de novia

___ puros y cigarrillos

___ invitaciones

___ flores

2. Mira otra vez los dibujos del ejercicio 1. En tu opinión, ¿qué cosa es más importante en una boda y qué otra no lo es tanto? Escríbelas y di por qué.

Las invitaciones no son muy importantes y, además, son caras. Es mejor invitar a la gente por teléfono. También es más rápido y seguro.

1. _____

_____

2. _____

_____

Primera parte

ANTES

3. Lee las siguientes afirmaciones y coméntalas con tu compañero/a. Utiliza estas expresiones: (Yo) Creo que.../(A mí) Me parece que...

1. A: *A mí me parece que sí. Además, es mejor para los hijos.*
   B: *Pues yo creo que da igual casarse o no; eso no cambia la vida de la pareja.*

Hoy en día...

1. El matrimonio es la mejor forma de vivir en pareja.
2. Marido y mujer se ayudan en los trabajos de la casa.
3. El matrimonio vive en casa de los suegros.
4. La pareja tiene un hijo enseguida.
5. Hombres y mujeres prefieren a alguien de la misma posición social para casarse.
6. La fidelidad es lo más importante para la pareja.

4. Escribe cuatro cosas que te parezcan importantes para la vida en pareja y compara tus respuestas con las de tus compañeros/as. Luego, con ellos/ellas, elige las opiniones más interesantes y escribe una lista de consejos para ser una pareja feliz.

1. _____
2. _____
3. _____
4. _____

Consejos para ser una pareja feliz: _____
_____
_____
_____

DESPUÉS

5. Responde a las siguientes preguntas relacionadas con la Telecomedia.

1. ¿Qué hacen Miriam y sus amigas? _____
2. ¿Qué le parece la flor a Miriam? _____
3. ¿Puede Daniel casarse como está? ¿Por qué? _____
4. ¿Por qué va Daniel a casa de Miriam? _____
5. ¿Se alegra Miriam de verlo? _____
6. ¿Qué necesita Daniel? _____
7. ¿Crees que van a llegar todos a tiempo para la boda? _____

6. En la Presentación y en la Telecomedia has oído varias palabras que se relacionan con la boda de Miriam y Daniel. ¿Cuáles recuerdas?

1. *Boda* 3. _____ 5. _____ 7. _____
2. _____ 4. _____ 6. _____

7. Completa con la forma adecuada de los verbos y, si es necesario, de los pronombres. Según el sentido de la frase, utiliza también una de las palabras del recuadro.

| nunca | siempre | demasiado | bastante |

1. A nosotros *(parecer)* nos parece que *siempre* va a haber bodas religiosas.
2. La señora Martos *(creer)* _____ que el hombre no va a llegar _____ a Marte.
3. A Andrés *(parecer)* _____ que los alquileres de pisos son _____ caros.
4. Los señores de García *(creer)* _____ que su hijo ve mucho la televisión y no lee _____.
5. A Rosa y Miguel *(parecer)* _____ que la vida es _____ muy difícil.
6. Nuria y Pilar *(creer)* _____ que no van a tener _____ dinero para comprar un coche.

8. Comenta con tu compañero/a las opiniones de las personas del ejercicio anterior.

1. Siempre va a haber bodas religiosas.
   A: *A mí me parece que eso no es verdad. Algún día...*
   B: *Y yo creo que eso da igual. La gente...*

Segunda parte

Unidad **30**

ANTES

9. Transforma uno de los muñecos en una mujer o en un hombre vistiéndolo como quieras y descríbeselo a tu compañero/a para que él/ella lo dibuje en su Cuaderno.

> A: *Yo he dibujado una mujer. Es morena. Tiene el pelo corto. Lleva una falda que le queda muy larga. Y la chaqueta que lleva le está pequeña. Etc.*

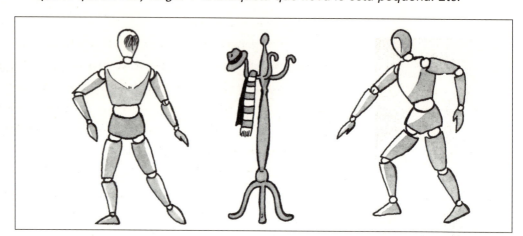

DESPUÉS

10. Ordena las intervenciones del cura, numerándolas de acuerdo con la Telecomedia.

- ☐ "Miriam López Llamas, ¿quieres a Daniel Fernández León por esposo?"
- ☐ "Lo que Dios ha unido que no lo separe el hombre."
- ☐ "¿Estáis decididos a amaros y respetaros durante toda la vida?"
- ☐ "Yo os declaro marido y mujer."
- ☐ "Daniel Fernández León, ¿quieres a Miriam López Llamas por esposa?
- ☐ "¿Venís a contraer matrimonio libre y voluntariamente?"

11. Vas a oír unas preguntas relacionadas con la Telecomedia. Escúchalas y contesta.

EN RESUMEN

¿Qué momentos recuerdas de la boda de Miriam y Daniel?

1. *Cuando Carmen y Miriam se están preparando para la boda.*
2. *Cuando* _____
3. _____
4. _____
5. _____

Unidad 31 — Quiero ir con vosotros

1. Lee la carta que Ignacio ha escrito a Estrella. Luego, fíjate en las palabras subrayadas en el texto y busca otra forma parecida de decir lo mismo.

Vigo, 23 de noviembre de 1993

<u>Estimada</u> Estrella:

Hoy quiero escribir una carta <u>distinta</u> a las <u>anteriores</u>. Quiero decirte que pronto voy a ir a Sevilla: van a <u>trasladarme</u> en la empresa y dentro de <u>un par de</u> meses estaré a tu lado. No conozco a nadie más en esa ciudad, pero estás tú. Creo que es el momento de decir que quiero estar cerca de ti, quiero verte cada día y hablar contigo de nuestras vidas. Me gusta pensar que tú también me quieres, y me gusta creer que podemos ser muy felices <u>juntos</u>. Hoy también quiero hablarte un poco más de mí. Bueno, en realidad no sé qué decirte. A mí me gusta mucho estar en casa, ver la televisión o escuchar música, y no me gusta salir por la noche. Sé que tú eres una chica <u>deportista</u> y, aunque a mí no me gusta hacer deporte, quiero aprender a jugar al tenis para jugar contigo. Me gusta estar con las personas que quiero, y a ti <u>te quiero</u> muchísimo. Me gusta <u>charlar</u> contigo, oírte, verte sonreír y sentirme la persona más <u>afortunada</u> del mundo. Las otras cosas no importan. Con todo mi amor,

Ignacio

1. estimada: *querida*
2. distinta: _____
3. anteriores: _____
4. trasladarme: _____
5. un par de: _____
6. juntos: _____
7. deportista: _____
8. te quiero: _____
9. charlar: _____
10. afortunada: _____

2. Responde a estas preguntas y comenta las respuestas con tus compañeros/as.

1. ¿Dónde vive Ignacio? ¿Y Estrella? _____
2. ¿Qué le gusta a Ignacio? _____
3. Y a Estrella, ¿qué le gusta? _____
4. ¿Cómo crees que se conocieron Estrella e Ignacio? Imagina su primer encuentro. _____
5. ¿Qué tipo de carta ha escrito Ignacio? ¿De negocios, administrativa, amistosa, de amor? _____

Primera parte

ANTES

3. **Marca con el signo (+) las tres cosas que más te gusta hacer, y con el signo (–), las tres que menos te gustan. Después, habla con tu compañero/a de vuestros gustos.**

A: *¿Qué te gusta hacer?*
B: *Me gusta tomar el sol.*
A: *Pues eso no es muy bueno para la piel.*
B: *Ya lo sé... Pero estoy más guapo/a cuando estoy moreno/a.*

	Tú	Tu compañero/a
1. tomar el sol		
2. hacer regalos		
3. estudiar español		
4. discutir		
5. leer el periódico		
6. escribir cartas		
7. cocinar		
8. charlar		
9. ver la televisión		
10. hacer deporte		
11. nadar en el mar		
12. jugar con el ordenador		

4. **Relaciona cada pregunta con su respuesta.**

1. ¿Qué quieres comer?
2. ¿No te gusta la sopa?
3. ¿Qué quieres hacer?
4. ¿Qué te duele?
5. ¿Quieres comerte eso?
6. ¿Te gusta Barcelona?
7. ¿Qué te pasa, hombre?
8. ¿Dónde te duele?

a) Me duele todo.
b) Quiero ir con vosotros al mar.
c) Aquí.
d) Sí.
e) No.
f) La garganta.
g) Quiero comer chocolate.
h) No quiero comer, no tengo hambre.

DESPUÉS

5. **Mira el ejercicio anterior y subraya las preguntas que le hacen a David en la Telecomedia.**

6. **Escribe cinco frases relacionadas con la Telecomedia, utilizando: David (no) quiere.../A David (no) le gusta...**

1. _____
2. _____
3. _____
4. _____
5. _____

Segunda parte

ANTES **7.** Escucha la conversación entre la señora Gómez y su hija y marca la respuesta adecuada.

1. La señora Gómez quiere…
   a) que Patricia coma algo.   b) comer.   c) que Patricia no coma nada.

2. La señora Gómez aconseja a Patricia que…
   a) se acueste.   b) vaya a trabajar.   c) no tome una infusión.

3. Patricia…
   a) no quiere ir a trabajar.   b) quiere ir a trabajar.   c) no puede ir a trabajar.

4. Patricia no quiere…
   a) preocuparse.   b) que su madre se preocupe.   c) que nadie se preocupe.

5. La señora Gómez aconseja a Patricia que vaya…
   a) a casa.   b) al médico.   c) a la oficina.

 8. ¿Recuerdas la carta de Ignacio? Ésta es la respuesta de Estrella. Complétala escribiendo los verbos en la forma adecuada.

> Sevilla, 30 de noviembre de 1993
>
> Querido Ignacio:
>
> Quiero que (tú-saber) _____ que me ha sorprendido mucho tu carta. No quiero que (tú-creer) _____ que estoy enfadada, pero no me gusta que (tú-decir) _____ esas palabras de amor cuando casi no nos conocemos. Te aconsejo que (tú-pensar) _____ las cosas antes de decirlas. Si vienes a Sevilla quiero que (nosotros-verse) _____, pero como amigos, y te aconsejo que (tú-conocer) _____ a más personas y (tú-salir) _____ con ellas, no sólo conmigo. No quiero que (tú-decir) _____ que quieres verme cada día, y tampoco quiero que (nosotros-hablar) _____ de nuestras vidas. Te aconsejo que no (tú-estar) _____ tanto en casa y (tú-salir) _____ más con los amigos. Si no te gusta el deporte, te aconsejo que (tú-hacer) _____ otra cosa, pero sin pensar en mí. Quiero que (nosotros-hablar) _____ de todo esto con calma y que (tú-pensar) _____ que las cosas no se hacen así. Vamos a tener mucho tiempo para hablar aquí, en Sevilla, pero te aconsejo que no (tú-pensar) _____ que yo te quiero como algo más que a un amigo. Con cariño,
> Estrella

Unidad 31

DESPUÉS

9. Completa estos diálogos de la Telecomedia y escribe los verbos en la forma adecuada.

ESCENA 1

MARÍA: David, vamos... ¿Quieres *(tú-comerse)* _____ eso?

DAVID: No quiero *(yo-comer)* _____, no tengo _____.

JUAN: ¡Vaya, hombre! Pues yo he traído _____.

MARÍA: _____, no, ¿eh? Esta mañana no ha desayunado. Y ahora no quiere *(él-comer)* _____.

JUAN: ¿No *(gustar-a ti)* _____ la _____?

DAVID: No.

MARÍA: Imposible. Siempre te ha gustado.

DAVID: Pues hoy no... Quiero *(yo-ver)* _____ la tele.

MARÍA: Pues hoy no vas a ver la _____.

ESCENA 2

MÉDICO: Quiero que *(tú-quedarse)* _____ en la cama dos días y que *(tú-tomarse)* _____ esta _____. Dos _____ por la mañana y dos por la noche.

DAVID: Yo no *(yo-querer)* _____ tomar eso; es muy _____.

MARÍA: Tú te lo vas a tomar.

MÉDICO: Mira, jovencito: te aconsejo que *(tú-tomarlo)* _____. Hoy no puede comer nada. Mañana, un poco de _____. Pero nada más. ¡Ah, y nada de _____ y esas cosas!

MARÍA: ¿Chocolate? Él nunca come chocolate. No *(gustar-a él)* _____.

EN RESUMEN Escribe una posible continuación de la Telecomedia, indicando lo que hace cada personaje.

_____
_____
_____
_____
_____
_____

Unidad 32 — Porque no está Juan

1. Juega con tus compañeros/as al "¿Por qué...?", contestando a las siguientes preguntas relacionadas con episodios anteriores de la Telecomedia.

Se necesita: un dado y tantas fichas diferentes como jugadores.

Reglas del juego:
- avanza tantas casillas como marque el dado;
- contesta a la pregunta o haz lo que proponga cada casilla;
- si la respuesta es correcta, vuelve a tirar el dado;
- si la respuesta no es correcta, juega el/la siguiente compañero/a.

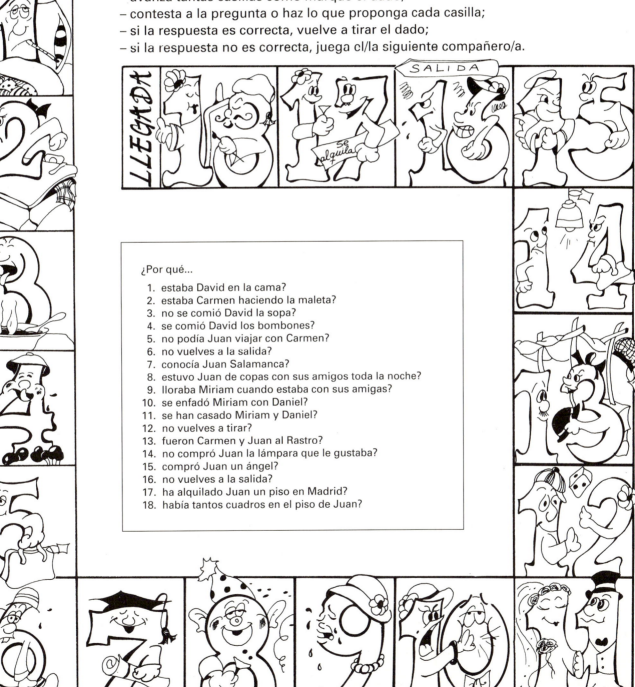

¿Por qué...
1. estaba David en la cama?
2. estaba Carmen haciendo la maleta?
3. no se comió David la sopa?
4. se comió David los bombones?
5. no podía Juan viajar con Carmen?
6. no vuelves a la salida?
7. conocía Juan Salamanca?
8. estuvo Juan de copas con sus amigos toda la noche?
9. lloraba Miriam cuando estaba con sus amigas?
10. se enfadó Miriam con Daniel?
11. se han casado Miriam y Daniel?
12. no vuelves a tirar?
13. fueron Carmen y Juan al Rastro?
14. no compró Juan la lámpara que le gustaba?
15. compró Juan un ángel?
16. no vuelves a la salida?
17. ha alquilado Juan un piso en Madrid?
18. había tantos cuadros en el piso de Juan?

Primera parte

ANTES

2. Haz a tu compañero/a las siguientes preguntas. Él/Ella te contestará con sí o no. Entonces, pregúntale por qué.

A: *¿Te gusta viajar en avión?*
B: *No.*
A: *¿Por qué?*
B: *Porque es peligroso./Porque es muy caro.*

A

— ¿Te gusta viajar en avión?
— ¿Has tenido animales en tu casa alguna vez?
— ¿Has estado en España?
— ¿Tienes coche?
— ¿Vas al cine con frecuencia?

B

— ¿Te acuestas muy tarde por la noche?
— ¿Tienes diccionario de español?
— ¿Te han puesto una multa alguna vez?
— ¿Has estado en algún país hispanoamericano?
— ¿Te gusta la pintura moderna?

3. Tienes que tranquilizar a estas personas. ¿Qué le dices a cada una?

1. a una amiga
2. a un señor desconocido
3. a unas amigas
4. a un niño
5. a unas vecinas mayores
6. a unos amigos
7. a una anciana
8. a tu novio/a

Tranquila.   No te preocupes.
Tranquilas. No se preocupe.
Tranquilo.   No os preocupéis.
Tranquilos. No se preocupen.

1. *Tranquila. No te preocupes.*
2. _____
3. _____
4. _____
5. _____
6. _____
7. _____
8. _____

DESPUÉS

4. Marca la respuesta adecuada.

1. Juan no ha ido a trabajar porque...
   a) está enfadado con Carmen.
   b) le duele la garganta.
   c) no tiene el guión.

2. Carmen le pide a Diego que espere porque...
   a) va a hablar con un señor.
   b) va a mirar la barca.
   c) va a llamar a Juan.

3. El ayudante de dirección grita porque...
   a) Diego le ha asustado.
   b) Carmen está nerviosa.
   c) se cae al agua.

4. Carmen está nerviosa porque...
   a) no está Juan.
   b) no tiene el guión.
   c) no tiene tiempo.

Segunda parte

ANTES

5. Rose y William, un matrimonio amigo tuyo, han venido a España a pasar unos días. Mientras Rose está en el hotel deshaciendo las maletas, tú le cuentas a William los planes que tienes para ellos.

1. Os gustan las tapas, ¿verdad? Esta noche *(yo-reservar)* _____ una mesa en "Casa Pepe".

2. El viernes hay un concierto de Juan Luis Guerra en la plaza de Las Ventas. Mañana *(yo-comprar)* _____ unas entradas.

3. Seguro que nunca habéis probado una paella de verdad. El sábado *(yo-haceros)* _____ una buenísima.

4. El domingo podéis visitar Salamanca. Es muy bonita. Yo no puedo ir, pero *(yo-alquilaros)* _____ un coche.

6. Cuando William vuelve al hotel, le cuenta a Rose los planes que tienes para ellos.

1. Esta noche, nuestro/a amigo/a *(reservar)* _____ una mesa en "Casa Pepe" para que *(nosotros-tomar)* _____ unas tapas.

2. Mañana *(él/ella-comprar)* _____ unas entradas para que *(nosotros-ir)* _____ al concierto de Juan Luis Guerra.

3. El sábado *(él/ella-hacernos)* _____ una paella para que *(nosotros-probar)* _____ una auténtica paella española.

4. El domingo *(él/ella-alquilarnos)* _____ un coche para que *(nosotros-visitar)* _____ Salamanca.

7. Esa misma noche, Rose llama por teléfono a su mejor amiga y le cuenta lo que ella y William van a hacer estos días.

1. Esta noche *(nosotros-ir)* _____ a "Casa Pepe" para *(nosotros-tomar)* _____ unas tapas.

2. Mañana *(nosotros-quedar)* _____ con nuestro/a amigo/a para *(nosotros-ir)* _____ al concierto de Juan Luis Guerra.

3. El sábado *(nosotros-comer)* _____ en casa de nuestro/a amigo/a para *(nosotros-probar)* _____ una verdadera paella española.

4. El domingo *(nosotros-alquilar)* _____ un coche para *(nosotros-visitar)* _____ Salamanca.

Unidad 32

DESPUÉS

8. Construye las siguientes preguntas utilizando ¿Para qué? y relaciona cada una con la respuesta que, según la Telecomedia, le corresponde.

1. Diego/necesitar/guión
2. Diego/estar llamando/Juan
3. Carmen/llamar/ayudante de dirección
4. Juan/subir/barca

1. ¿Para qué necesita Diego el guión? _b_
2. _____ ___
3. _____ ___
4. _____ ___

a) Para preguntarle si todo va bien.
b) Para hacer el programa.
c) Para darle una sorpresa a Carmen.
d) Para hablar con él.

9. Lee las frases siguientes. Cada una de ellas completa un diálogo de los que vas a oír. Escucha y marca el número del diálogo al que corresponden.

☐ Tranquilo, que yo llevo tres mil pesetas para las entradas.
☐ No te preocupes, que hay otro autobús a las doce.
☐ Tranquilo abuelo, que no pasa nada.
[1] Tranquila, que llegaremos antes de las cinco a la estación.
☐ No te preocupes, que todo está saliendo bien, es una fiesta estupenda.
☐ No te preocupes, que yo pagaré la cena de los dos.
☐ Tranquilos, que enseguida vendrán, no pueden tardar.

EN RESUMEN

Las frases siguientes son un resumen de la Telecomedia. Pero en todas falta una palabra y, además, están desordenadas. Complétalas y ordénalas, numerándolas de acuerdo con la Telecomedia.

☐ Juan sube a la barca con los cantantes para darle una sorpresa _____ Carmen.
☐ Esta vez Juan _____ ha ido con Carmen porque le dolía la garganta.
☐ Diego necesita el guión de Juan _____ grabar el programa.
☐ Carmen está _____ Cadaqués grabando el programa "Conocer España".
☐ Juan va a Cadaqués _____ ya se encuentra bien de la garganta, y le da el guión a Diego.
☐ Para Carmen es muy _____ trabajar sin Juan y está muy nerviosa.

Unidad 33 ¿Nos vemos esta noche?

1. Marca la sección donde puedes encontrar información para las actividades propuestas.

1. cenar con unos/as amigos/as
2. ir a un concierto de Mecano
3. ver una película de aventuras
4. jugar un partido de tenis
5. ir a una exposición de pintura moderna
6. ver una obra de Calderón de la Barca
7. ir a bailar a una discoteca

SUMARIO
11 de octubre de 1993

- [ ] **CINE** Páginas 4 a 10
- [ ] **MÚSICA** Páginas 12 a 14
- [ ] **TEATRO** Páginas 16 a 20
- [ ] **ARTE** Páginas 22 a 26
- [ ] **OCIO Y DEPORTE** Páginas 28 a 34
- [ ] **TARDE Y NOCHE** Páginas 37 a 43
- [1] **RESTAURANTES** Páginas 45 a 56
- [ ] **TELEVISIÓN** Páginas 58 a 64

2. ¿En qué sección de la guía del ejercicio anterior crees que aparecen estos anuncios?

1. *Música*

Jaume Aragall y Carme Hernández. Tenor y soprano. Orquesta Sinfónica del Gran Teatro del Liceo. Obras de Verdi, Puccini y Mascagni. Palau de la Música, sábado 22 a las 22.00 h.

2. _____

Teatro Goya. Joaquín Costa, 68. T. 318 19 84. Hasta el 23 de mayo. María Rosa y su Ballet Español. Horarios: lunes cerrado. De martes a sábado a las 18.30 y a las 22.00 h. Domingos a las 19.00 h. Precios: Platea 1.500 ptas. Anfiteatro y palco 1.000 pesetas. Día del espectador (martes) 800 ptas. Venta anticipada en las oficinas de la Caixa de Catalunya y en el teatro todos los días desde las 17.00 h.

3. _____

Casa Fernández. Comidas y tapas. Cocina de 13 a 1.30. Santaló, 46. T. 201 93 08.

4. _____

1492-La conquista del paraíso. España-Gran Bretaña-Francia, 1992. Color. Director: Ridley Scott. Con Gérard Depardieu y Sigourney Weaver. Aventura histórica. Las aventuras de Cristóbal Colón y su descubrimiento de América. Cine Astor.

5. _____

Museo Picasso. Montcada, 15-19. H.: de martes a sábados de 10 a 20 h. Domingos de 10 a 15 h. Lunes cerrado. Exposición: Malevich. Colección del Museo Estatal Ruso. San Petersburgo. Hasta el 6 de junio.

6. _____

18.35 SIN VERGÜENZA (concurso)
20.00 MACGYVER (serie)
21.00 TELEDIARIO 2
21.30 ¿QUIÉN SABE DÓNDE?
23.00 CINE ESPAÑOL: TACONES LEJANOS
00.40 TELEDIARIO 3

Primera parte

ANTES

3. Practica con tus compañeros/as.

Alumno/a A:

Trabajas en el Servicio de Información del Ayuntamiento de Barcelona y ésta es la información que tienes de algunas actividades que se están celebrando. Da la información que te pidan.

– "Salón Náutico de Barcelona". Del 15 al 23 de mayo. Palacio de Exposiciones de Barcelona. Avenida Reina Mª Cristina s/n. El salón está abierto de 10.00 a 20.00 h. (domingo hasta 21.00 h.) y el precio es de 750 ptas. los días laborables y 1.000 ptas. los fines de semana.

– "Por narices. Exposición de más de sesenta olores.". Museo de la Ciencia, c/ Teodor Roviralta, 55. Del 10 de mayo al 15 de junio. De 10.00 a 20.00 h. Entrada 750 ptas.

Alumno/a B:

Ayer, un/a amigo/a te dijo que se está celebrando el Salón Náutico de Barcelona. Quieres ir, pero no sabes nada más. Pregunta en Información todo lo que necesitas saber y toma nota.

Alumno/a C:

Has visto un cartel en la calle en el que está anunciada una exposición de olores. Te interesa, pero no sabes nada más. Pregunta en Información todo lo que necesitas saber y toma nota.

DESPUÉS

4. Haz las frases según la información de la Telecomedia.

1. este año/conciertos y exposiciones/Barcelona

   Este año hay varios conciertos y exposiciones en Barcelona.

2. las exposiciones/Palacio de Exposiciones

   _____

3. los conciertos/Palau de la Música

   _____

4. catorce octubre/concierto/Palau

   _____

5. fiesta/esta noche/hotel de la chica

   _____

Segunda parte

ANTES

5. Completa las frases, si es necesario, con una de las preposiciones siguientes.

| en | para | con | a |

1. — ¿Quedamos el lunes ____ ir al teatro?
   — No puedo, he quedado ___ Miguel ____ ir a cenar.

2. — ¿Sabes si Juan y Marta vienen con nosotros?
   — No. Han quedado ____ esta tarde ___ Fernando ____ pasar el fin de semana ____ el campo.

3. — ¿Qué tal ayer?
   — Estupendamente. Quedé ____ Javier ____ ir al cine y vimos una película divertidísima.

4. — ¿Has hablado con Manuel?
   — Sí. Hemos quedado ____ esta tarde ___ las tres ___ el bar de siempre.

5. — Hemos quedado ____ el sábado que viene ___ las tres ____ casa de Luis ____ María y Laura ____ ir al concierto.

6. Practica con tus compañeros/as. Estáis en Barcelona y habéis pensado salir juntos este fin de semana. Con la información de los ejercicios 2 y 3, pensad a dónde vais a ir.

Ayuda:

¿Vamos a...?/¿Y si vamos a...? ¿Cuándo/Dónde nos vemos?
¿Qué os parece si...? ¿Quedamos a las.../en.../con.../para...?
¿Cómo/Dónde/A qué hora quedamos? Vale./De acuerdo./No, porque.../Ni hablar.

Unidad 33

DESPUÉS

7. Completa el siguiente diálogo de la Telecomedia.

ÓSCAR: ¿_____ _____ esta noche?

CHICA ORIENTAL: Sí, _____ _____ 10.

ÓSCAR: ¿Dónde _____?

CHICA ORIENTAL: Aquí, _____ mi hotel.

ÓSCAR: Muy bien. _____ el director y yo _____ firmar el contrato.

8. Marca la palabra adecuada.

1. Carmen | imagina / vive / sueña | que está en el estadio olímpico.

2. Óscar pierde | los partidos / las pruebas / los juegos | en el estadio.

3. La persona que llega primero es | el campeón. / el perdedor. / el uno.

4. Carmen es la encargada de dar | el regalo. / las flores. / la medalla.

EN RESUMEN

Lee el resumen de la Telecomedia y escribe el final de la historia con las respuestas a las siguientes preguntas:

1. ¿Qué hacen Carmen y Juan para seguir a Óscar?
2. ¿Qué le pasa entonces a Carmen?
3. ¿Qué relación tiene el sueño de Carmen con su vida real?

Juan y Carmen están trabajando en Barcelona. Están haciendo una entrevista a un profesor que les explica los conciertos y exposiciones que hay próximamente en la ciudad. Óscar también está trabajando en Barcelona. Esta noche va a firmar un contrato con una chica oriental. El único problema es que Carmen no sabe por qué Óscar ha quedado con la chica oriental en su hotel, y quiere averiguarlo.

Unidad 34 — Carmen está triste

1. Relaciona cada dibujo con el adjetivo más adecuado.

___ despierto/a
___ tranquilo/a
___ enamorado/a
___ contento/a

_1_ preocupado/a
___ nervioso/a
___ cansado/a
___ dormido/a

___ triste
___ asustado/a
___ enfadado/a
___ enfermo/a

2. Escribe una frase lo más completa posible con cada uno de los siguientes adjetivos.

1. dormido/a: *Ayer fui al hospital a verla, pero no pude hablar con ella porque estaba dormida.*
2. enfadado/a: _____
3. preocupado/a: _____
4. triste: _____
5. nervioso/a: _____
6. contento/a: _____
7. cansado/a: _____
8. enamorado/a: _____

Primera parte

ANTES

3. Relaciona.

1. Juan y José están preocupados		a) hablamos muy bien español.
2. Mis padres están enfadados		b) hace lo que el médico le dijo.
3. Estamos muy contentos		c) comes poco y fumas mucho.
4. El bebé está despierto		d) no saben la nota de su examen.
5. Hoy estoy muy cansada	porque	e) hacemos ruido y no puede dormir.
6. Mi hermana está nerviosa		f) he trabajado más de ocho horas.
7. Jose Luis está sano		g) siempre llego muy tarde a casa.
8. La niña ahora está tranquila		h) mañana es su primer día de trabajo.
9. Estás enfermo		i) ha jugado mucho en el parque.

4. Lee y ordena la historia de lo que le pasó a Daniel Mendoza.

☐ Llegó a Barcelona tarde. Fue a su hotel y se acostó porque estaba cansado. Al día siguiente, ya estaba bien y muy contento porque por fin iba a visitar la Sagrada Familia. Desayunó en el hotel y miró en un plano cómo ir a la iglesia.

☐ Cuando llegó al hotel, Daniel estaba muy enfadado. Entonces, se acercó a él un camarero que le devolvió la cartera. "La olvidó usted en el restaurante", le dijo.

☐ Daniel Mendoza vive en Madrid y estudia arquitectura en la Universidad Complutense. La semana pasada no tuvo clase y decidió ir a Barcelona. Tenía muchas ganas de ver la iglesia de la Sagrada Familia de Gaudí.

☐ Daniel cogió el metro. Había mucha gente y él estaba de pie. Estaba muy tranquilo hasta que se dio cuenta de que no llevaba su cartera. "¡Robada!", pensó.

☐ Entonces empezó a estar muy nervioso y preocupado, porque en la cartera llevaba dinero, tarjetas de crédito y su carné de identidad. Pensó que lo mejor era volver al hotel para anular sus tarjetas y coger más dinero de su maleta.

☐ Daniel estaba contento, pero también un poco avergonzado. Decidió ir hasta la iglesia dando un paseo. ¡Mejor lento pero seguro!

☐ El día 19 estaba muy nervioso: era la primera vez que viajaba en avión. El viaje fue corto, pero Daniel estuvo mareado todo el tiempo.

DESPUÉS

5. Contesta a las siguientes preguntas relacionadas con la Telecomedia.

1. ¿Qué edificio visita Juan? _____

2. ¿De qué nacionalidad es el grupo de turistas? _____

3. ¿En qué piensa Carmen cuando los ve? _____

4. ¿Por qué no quiere Carmen hacerles la foto? _____

5. ¿Por qué está triste Carmen? _____

Segunda parte

ANTES

6. Habla con tu compañero/a de vuestras reacciones en las situaciones siguientes.

A: *¿Y tú, cómo te sientes cuando viajas en avión?*
B: *Cuando voy en avión estoy muy nervioso/a. ¿Y tú?*
A: *Pues yo no, yo siempre estoy muy tranquilo/a.*

A
1. viajar en avión
2. hacer un viaje a un lugar desconocido
3. levantarse pronto
4. ir en metro a las ocho de la mañana
5. alguien robar tu cartera
6. perder las tarjetas de crédito

B
1. no poder hacer algo que quieres
2. perderse en un lugar conocido/a
3. no entender a alguien en español
4. no recordar el nombre de un/a conocido/a
5. alguien invitarte a cenar
6. ver a tu novio/a con otro/a

7. Lee otra vez el texto del ejercicio 4. En esta lista hay cosas que Daniel pudo hacer y otras que no pudo hacer. Ordénalas y di por qué.

– ir a Barcelona
– tener un buen viaje
– salir la primera noche en Barcelona
– saber cómo ir a la Sagrada Familia
– sentarse en el metro
– ver la Sagrada Familia
– recuperar su cartera

Daniel pudo...	Daniel no pudo...	porque...
ir a Barcelona		*no tenía clase.*

Unidad 34

DESPUÉS

8. Responde a las siguientes preguntas relacionadas con la Telecomedia. Luego, comenta tus respuestas con tus compañeros/as.

1. ¿Dónde están los personajes de la Telecomedia? _____
2. ¿Qué época del año crees que es? ¿Por qué? _____
3. ¿Y qué día de la semana? ¿Por qué? _____
4. ¿Le gusta la representación a Carmen?¿Cómo se sabe? _____
5. ¿Crees que Óscar quiere tirar a Juan al agua? _____
6. ¿Qué significan las palabras de Carmen "Nunca más, nunca más"? _____
_____

9. Escucha y marca si la persona a la que ofrecen ayuda la acepta, no la acepta o sólo la acepta en parte. Explica también por qué.

	Sí	No	En parte	Porque…
1.				_____
2.				_____
3.				_____
4.				_____
5.				_____

EN RESUMEN

Escribe un pequeño diálogo utilizando algunas de estas frases de la Telecomedia.

"¿Necesitas ayuda?" - *"¿Estás enfadada conmigo?"* - *"¿Vienes?"* - *"¡No!"* - *"¡Son muchos!"* - *"Lo siento"* - *"¿Qué hacéis?"* - *"¡Vete!"* - *"Nada"* - *"¿Y tú?"* - *"Nunca más"*

_____
_____
_____
_____
_____
_____
_____

Unidad 35 — Dice que no va

1. Lee y completa.

1. *La radio dice que va a empezar el partido Real Sociedad-Sevilla.*
2. ___ _____ _____ que mañana lloverá en toda España.
3. El periódico _____ que _____
   _____.
4. En su carta, _____ y _____ que _____
   _____.
5. El contestador automático _____ que _____
   _____.
6. ___ _____ de Ana _____ que _____.
7. El libro dice_____ en aquel país _____
8. La vendedora _____ que _____ _____ son muy buenas.

Primera parte

ANTES

2. Dile a tu compañero/a, uno por uno, los productos que te hacen falta para hacer los siguientes platos. Él/Ella se lo dirá a los/las demás.

A: *Para hacer una ensalada me hacen falta tomates.*
B: *A dice/me ha dicho que para hacer una ensalada le hacen falta tomates.*
A: *También me hace falta un poco de aceite.*
B: *A dice/me ha dicho que también le hace falta un poco de aceite.*

1. una ensalada   2. una paella   3. una tortilla de patatas

DESPUÉS

3. Responde a las siguientes preguntas relacionadas con la Telecomedia.

	Carmen	Juan
1. ¿Dónde está?		
2. ¿Con quién está?		
3. ¿Qué está haciendo?		
4. ¿Qué le pasa?		
5. ¿Va a cenar? ¿Por qué?		

4. Completa este resumen de lo que dicen los personajes de la Telecomedia.

1. David dice que la cena _____ en la mesa.
2. Carmen dice que _____ hambre, que _____ cenar y que _____ sola.
3. María dice que _____ pan.
4. Juan dice que _____ para terminar eso, que _____ mucho trabajo y que _____ a ningún sitio.
5. Rosi dice que _____ muy tarde.
6. Diego dice que el chico _____ trabajo.

Segunda parte

ANTES

5. **Completa los textos siguientes con los pronombres del recuadro.**

| me | te | le/se | nos | os | les/se |

1. Suena el teléfono. El padre ____ dice a su hija que lo coja. La niña lo coge y ____ dice a su padre que es su jefe. El padre ____ dice muy bajo a la niña: "Di____ a mi jefe que no estoy". La niña ____ dice al jefe de su padre: "Dice mi papá que no está", cuelga el teléfono y ____ dice a su padre: "Papá, papá, ya ____ lo he dicho".

2. Un padre ____ dice a sus dos hijos pequeños que vayan a casa de su vecino y le pidan un martillo. Los niños vuelven cinco minutos después y ____ dicen a su padre que el vecino no les deja el martillo.
   — ¡No! ¿Qué ____ ha dicho?
   — ____ ha dicho que no sabe dónde está.
   — ¡Qué mal vecino! Seguro que no quiere dejarme el martillo, se cree que lo vamos a romper. Anda, hijo, trae nuestro martillo, está en ese cajón.

6. **Escucha y escribe lo que dice la primera persona que habla.**

1. (a Daniel/comprar) *Le dice a Daniel que compre* _____
2. (a Susana/olvidar) _____
3. (a Eduardo/esperar) _____
4. (a Teresa/llamar) _____

DESPUÉS

7. **¿Qué han dicho, y a quién, los personajes de la primera columna?**

Rosi	"Qué cara tienes."	Juan
Carmen	"Quiero hablar con Diego."	Rosi
Diego	"Mañana os vais a Galicia."	Carmen
Juan	"Busca a otra persona."	Diego
	"Me haces falta."	

1. *Rosi le ha dicho a Carmen que qué cara tiene.*
2. _____
3. _____
4. _____
5. _____

Unidad **35**

 8. Tu compañero/a y tú habéis llamado por teléfono a varios/as amigos/as para pasar el fin de semana en el campo. Comentad sus respuestas.

A: *Joaquín me ha dicho que no puede venir porque va de boda.*

A: A ti te han dicho	B: A ti te han dicho
Joaquín: "No puedo, el sábado voy de boda." Miguel: "Todavía no lo sé, llámame mañana, por favor." Antonio: "Sí, claro, venid a buscarme a mi casa." Ana: "No estoy segura, el lunes tengo un examen y tengo que estudiar."	David: "No, no me encuentro bien, tengo mucha tos." Jorge: "Sí, pero no tengo saco de dormir." Elena: "Sí, tengo muchísimas ganas de ir de excursión." Julia: "Sí. Por cierto, yo llevaré carne para asar en el campo."

EN RESUMEN

Carmen y Juan van a contar lo que ocurrió ayer por la tarde (Telecomedia, primera parte) y esta mañana (Telecomedia, segunda parte). Escribe sus palabras.

CARMEN: *Ayer no quise cenar porque* _____

Hoy he ido a la oficina y _____

JUAN: *Ayer no quise ir a cenar con* _____

Hoy, Carmen ha venido a la oficina y _____

Unidad 36 — Tenemos que hablar

1. **Lee el siguiente texto. Después, subraya todos los usos de las expresiones que indican obligación.**

¡QUÉ LE VAMOS A HACER!

Arturo estaba muy preocupado desde hacía varios días. Debía hablar con alguien y encontrar una solución a sus problemas. Pensaba que, últimamente, algo no iba bien entre él y Kentia, pero no sabía qué hacer.

Fue a casa de su hermana y ella, después de oír su historia, le dijo:

— Lo que tienes que hacer es hablar con ella. Hay que ser comunicativo. Tienes que sentarte a su lado, contarle cómo te ha ido el día y decirle lo bonita que está.

— ¡Pero si está horrible!

— Eso no importa. Debes decirle cosas bonitas.

— Está bien...

Pero en casa de su hermana también estaba su cuñado Jorge. Arturo y Jorge nunca fueron grandes amigos, pero Arturo sabía que Jorge era muy práctico y que siempre encontraba buenas soluciones para todo. Por eso lo escuchó cuando le dijo:

— ¡No seas idiota! Tú no tienes que hablar con Kentia, no va a servir de nada. Además, ¿cuánto tiempo hace que está en tu casa?

— Pues no sé, unos tres años.

— ¿Tres años y estás preocupado por ella? Yo siempre pensé que no iba a durar en tu casa más de seis meses. Hay que dar las gracias por esos tres años y ya está. No debes pensar en lo que te ha dicho tu hermana; ella lee esas tonterías en las revistas.

Finalmente, Arturo se fue hacia su casa más confundido que antes. Seguía sin saber qué debía hacer, si tenía que hablar con ella o no después de esos tres años. En el camino se encontró con una vieja amiga que, después de oír la historia de Arturo, dijo muy segura de sí misma:

— Mira, yo no sé si tienes que hablar con ella o no. Lo que hay que hacer con una kentia es ponerla en un lugar soleado, regarla una vez por semana en verano y una vez al mes en invierno, y, si ves que no mejora, debes poner vitaminas en el agua.

2. **Haz a tu compañero/a tres preguntas sobre el texto anterior.**

A: *Según su hermana, ¿qué tiene que hacer Arturo con Kentia?*
B: *Tiene que hablar con ella; tiene que sentarse a su lado y contarle cómo le ha ido el día. También debe decirle cosas bonitas.*

Primera parte

ANTES

3. Vuelve a leer el texto del ejercicio 1 y marca la respuesta adecuada.

1. "ser comunicativo" significa...
   a) oír la televisión y la radio.
   b) hablar fácilmente con otras personas.
   c) hablar mucho.

2. Arturo escuchó a Jorge porque...
   a) es su cuñado.
   b) son amigos.
   c) da buenos consejos.

3. "no va a servir de nada" significa que...
   a) es malo hablar con Kentia.
   b) es bueno hablar con Kentia.
   c) es inútil hablar con Kentia.

4. "y ya está" significa que...
   a) se ha terminado el problema.
   b) no hay problemas.
   c) todavía hay problemas.

5. "Seguía sin saber qué debía hacer" significa que...
   a) ya tenía una solución.
   b) todavía no tenía una solución.
   c) ya no tenía solución.

6. El título del texto, "¡Qué le vamos a hacer!", significa que...
   a) no podemos hacer nada.
   b) no sabemos qué hacer.
   c) vamos a hacer algo diferente.

4. Da algunos consejos a estas personas. Utiliza las expresiones del recuadro.

| deber | tener que | hay que |

A: *Para pasar unos días agradables en esta ciudad hay que... También debe usted ir a... Y tiene que ver...*

Un/a extranjero/a va a pasar unos días de vacaciones en tu ciudad.
Unos padres tienen dos niños pequeños y están preocupados por su seguridad.
Un/a amigo/a se ha divorciado de su pareja.
Un/a amigo/a quiere cambiarse de casa.
Una persona gasta mucha energía en casa y quiere ahorrar.

DESPUÉS

5. ¿Verdadero (V) o falso (F)?

1. El extra tiene que estar quieto. ☐
2. El extra debe mirar a la cámara. ☐
3. Carmen tiene que hablar con Ramón. ☐
4. Juan dice que Carmen tiene que descansar. ☐
5. Hoy deben terminar el programa. ☐
6. Carmen tiene que estar todo el día comiendo. ☐
7. Carmen tiene que trabajar. ☐
8. El extra tiene hambre. ☐

Segunda parte

ANTES

6. Lee el siguiente texto. Después, con la ayuda de los dibujos, completa las palabras relacionadas con el Camino de Santiago.

En el año 813 se descubrió la tumba del apóstol Santiago en Galicia. El Camino de Santiago, también llamado camino "francés", es la ruta que desde Francia atraviesa el norte de España hasta Santiago de Compostela. Los peregrinos, personas que desde distintos lugares van a un lugar santo, han recorrido el Camino de Santiago desde el siglo XI para venerar la tumba del apóstol.

Los primeros peregrinos llevaban una capa y un sombrero que los protegía del calor o de la lluvia. Además llevaban un bastón para apoyarse al caminar, una bolsa con algo de comida y una o más conchas. Una calabaza, atada al bastón o a la cintura del peregrino, servía para llevar agua para beber.

Santiago fue, junto con Roma y Jerusalén, símbolo de la Cristiandad, pero también punto de la unión cultural y comercial de los pueblos medievales. Hoy, la catedral románica de Santiago, en el centro de la ciudad, sigue siendo la meta de los peregrinos que llegan desde cualquier punto de Europa, especialmente el día de la fiesta de Santiago, patrón de España, que se celebra el 25 de julio.

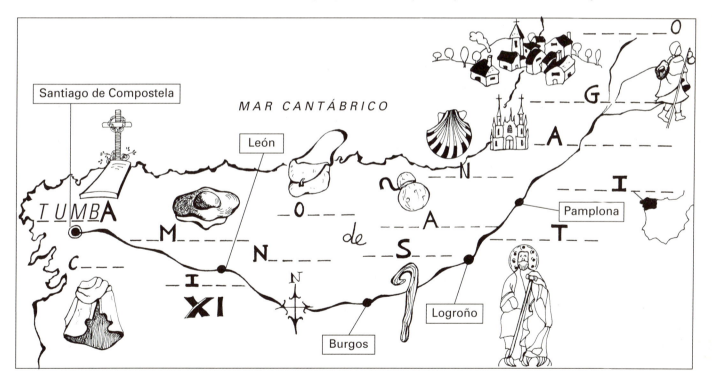

7. Ahora, contesta a las siguientes preguntas.

1. ¿Quién fue Santiago?
2. ¿Dónde se encontró su tumba?
3. ¿Qué es un "peregrino"?
4. ¿Cómo iban vestidos los peregrinos?
5. ¿Qué se celebra en España el 25 de julio?

DESPUÉS

8. Ordena las frases, numerándolas de acuerdo con la Telecomedia.

☐ Juan invita a cenar a Carmen.

☐ Carmen no tiene tiempo de hablar con Juan.

☐ Juan debe irse del restaurante porque van a cerrar.

☐ Juan pide la cuenta.

☐ Debe haber más luz para poder grabar.

☐ El fotógrafo tiene que hacer unas fotos.

☐ Juan pide otro café.

☐ Antes de empezar hay que probar el sonido.

9. Escucha y completa los diálogos

1. — ¿_____?

   — No, gracias. Ya nos vamos, que es tarde.

   — De verdad, ¿_____?

   — No, no, nos vamos, gracias.

2. — ¿_____, por favor?

   — Sí, enseguida.

   — ¿Y _____?

3. — ¿_____ que compré ayer?

   — Bueno. Mmmm. ¡Está riquísima! ¿_____?

   — Sí, sí, claro.

4. — _____ esta noche.

   — De acuerdo, pero _____ después de la cena.

   — Estupendo.

EN RESUMEN

Di a tu compañero/a seis palabras aparecidas en la Telecomedia para que escriba un resumen del episodio donde aparezcan esas palabras. Él/Ella hará lo mismo.

Unidad 37 — Una cosa que se llama... amor

1. ¿Recuerdas a los Reyes Magos? Melchor está leyendo las cartas que ha recibido.

Veamos... Verónica quiere una muñeca que tenga el pelo largo y que tenga muchos vestidos... Sí, creo que tengo alguna... Isabel me pide unas zapatillas de deporte que sean blancas, con rayas azules y que no se rompan... Eso es más difícil, las zapatillas que tengo tienen las rayas rosas... Carmen quiere un libro que tenga muchos cuentos y dibujos... Eso es fácil... Eduardo quiere un juego que sea divertido y que sea para cuatro jugadores, así podrá jugar con sus primos... ¡Buena idea!... Juan quiere una cartera para el colegio, que sea grande y que tenga bolsillos para poner lápices porque la suya es pequeña y no le cabe nada... Luisa quiere un coche que corra mucho y que sea de color rojo como el que tiene su vecino Germán... Tendré que ver cómo es el coche de Germán para no equivocarme... La pequeña Claudia me pide una casa de muñecas que tenga muebles... Le llevaré la más grande que tengo... Y Joaquín quiere un disfraz de... ¡de tomate! para la fiesta de disfraces de su colegio... ¡Y yo quiero niños que quieran regalos más fáciles! ¿Dónde encuentro yo un disfraz de tomate?

2. Responde a las siguientes preguntas relacionadas con el texto anterior.

1. ¿Qué necesita Juan? _____
2. ¿Qué quiere Eduardo? _____
3. ¿Qué ha pedido Claudia? _____
4. ¿Qué disfraz quiere Joaquín? _____
5. ¿Quién quiere un coche rojo que corra mucho? _____
6. ¿Quién tiene un coche rojo que corre mucho? _____
7. ¿Qué debe tener la muñeca de Verónica? _____
8. ¿Tiene el Rey Melchor las zapatillas que quiere Isabel? ¿Por qué? _____
9. ¿Quién quiere un libro que tenga muchos cuentos y dibujos? _____
10. ¿Qué quiere el Rey Melchor? _____

Primera parte

ANTES

3. Escribe cómo quieres que sean estas cosas que estás buscando. Luego, compara tus respuestas con las de tu compañero/a.

1. *Quiero un trabajo que sea interesante y que me dé dinero.*

1. un trabajo: _____

2. un país donde vivir el resto de tu vida: _____

3. una persona con quien compartir un piso: _____

4. un/a profesor/a de español: _____

5. un lugar donde pasar un fin de semana inolvidable: _____

DESPUÉS

4. Responde a las siguientes preguntas relacionadas con la Telecomedia.

1. ¿Cómo debe ser la persona que busca la pintora? _____

2. ¿Qué más necesita la pintora? _____
3. ¿Qué significa "jaune" en español? _____
4. ¿Qué flores va a traer el camarero? _____
5. ¿Cómo se dice "pañuelo" en tu idioma? _____

5. ¿Qué buscan las personas que vas a oír? Escríbelo y marca si buscan a una persona o cosa determinada, o si sólo necesitan que éstas tengan ciertas características.

	Determinada	Indeterminada
1.		
2.		
3.		
4.		
5.		
6.		
7.		

Segunda parte

ANTES

6. Completa este crucigrama. Luego, comprueba tus respuestas con tu compañero/a preguntándole qué palabra corresponde a cada definición.

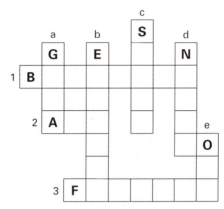

1) Parte de la ropa donde podemos guardar cosas.
2) Parte del cuerpo que los pájaros e insectos utilizan para volar.
3) Vaso que sirve para poner flores.

a) Cosa que sirve para quitar lo que hemos escrito o dibujado.
b) Idioma que se habla en España y en Hispanoamérica.
c) Mueble de cuatro patas que sirve para sentarse.
d) Chico que sale con una chica porque la quiere y desea casarse con ella.
e) Parte del cuerpo que sirve para ver y mirar.

A: *¿Cómo se llama esa parte de la ropa donde podemos guardar cosas?*
B: *Bolsillo.*

7. Elige cuatro palabras que hayas aprendido en esta unidad y pídele a tu compañero/a que te las explique.

A: *¿Qué significa "precioso"?/¿Qué quiere decir "precioso"?*
B: *Significa "bonito"./Quiere decir "bonito".*

DESPUÉS

8. Marca la respuesta correcta.

1. ¿Cómo se llama una cosa que sirve para borrar?
   a) florero
   b) goma
   c) lápiz
2. ¿Cómo es Juan?
   a) tímido
   b) antipático
   c) amable
3. ¿Cómo tiene el pelo Juan?
   a) corto
   b) castaño
   c) No tiene pelo.
4. ¿Cómo se dice "toupet" en español?
   a) pelo
   b) peluquín
   c) cosa de pelo
5. ¿Quiere Carmen a Juan?
   a) Sí, pero no lo sabe.
   b) Sí, y lo sabe.
   c) No, pero no lo sabe.
6. ¿Qué va a buscar la pintora a su habitación?
   a) otra goma
   b) otro pañuelo
   c) otro lápiz

Unidad 37

9. Practica con tu compañero/a.

Alumno/a A:

Estás en una tienda de ropa. Quieres unos pantalones vaqueros: azules, anchos, de la talla 40, con bolsillos grandes, con cremallera, de buena marca. Habla con el/la dependendiente/a e insiste en que quieres esos pantalones y no otros.

Alumno/a B:

Eres dependiente/a de una tienda de ropa. Tienes los siguientes modelos de vaqueros:
– azules, anchos, con botones, sin bolsillos, última moda, buena marca; no tienes todas las tallas, sólo algunas.
– azules, estrechos, con cremallera, con bolsillos pequeños, buena marca; tienes todas las tallas.
– blancos, anchos, con cremallera, con bolsillos grandes, buena marca; sólo tienes las tallas 42 y 44.

EN RESUMEN

Lee el siguiente resumen de la Telecomedia y sustituye las definiciones por las palabras adecuadas.

Carmen está en un (1) **lugar donde hay agua medicinal que cura algunas enfermedades si una persona la bebe o se baña en ella** en (2) **un pueblo gallego situado en una isla del océano Atlántico,** en (3) **la comunidad autónoma del noroeste de España.** Hoy Carmen está más tranquila, pero sigue (4) **sin sentir alegría.** En ese lugar hay también una (5) **mujer que pinta cuadros** y que está buscando a una (6) **mujer joven** como Carmen, para pintar un cuadro. Carmen acepta (7) **estarse quieta para ser pintada** y, mientras, empieza a hablarle de Juan. Más tarde, en un momento en que se ha quedado (8) **sin nadie que está con ella,** Carmen se acerca al cuadro para verlo. Pero... ¡no es un (9) **cuadro donde está pintada la cabeza** de Carmen! ¡Es Juan!

1. _____   6. _____
2. _____   7. _____
3. _____   8. _____
4. _____   9. _____
5. _____

Unidad 38 Empezó en un tren
Repaso 3 A

1. Lee la carta que Kevin le escribe a su amigo Carlos desde San Sebastián, donde está pasando unos días por primera vez.

> San Sebastián, 22 de septiembre de 1993
>
> Querido Carlos:
>
> Te escribo desde San Sebastián para contarte cómo estoy pasando estos días de cine. Me dijiste que esta ciudad era muy bonita, pero yo creo que es más que eso: es preciosa, y muy interesante. Tiene también unas playas muy buenas, aunque estos días ha llovido bastante y no he podido ir a ninguna. De todas formas, tampoco tengo mucho tiempo libre porque estoy casi todo el día viendo las películas del Festival de Cine. Ya sabes que tenía muchas ganas de ver los estrenos de este festival internacional. Me está gustando tanto como los de Venecia, Cannes o Berlín. Hay un ambiente genial y he visto películas buenísimas; ya te diré algunas que debes ir a ver.
>
> Por la noche hay mucha gente en todos los bares y restaurantes de la ciudad, y he conocido a un grupo de aficionados al cine, como yo, con los que me divierto muchísimo. Hay unas personas del grupo que ya han estado varias veces aquí y conocen unos restaurantes estupendos donde comemos muy bien, aunque me han dicho que en San Sebastián se come bien en todas partes.
>
> Por cierto, me dijiste que en el País Vasco, además de español, se habla vascuence o euskera, pero no me dijiste que San Sebastián, en vascuence, se llama Donostia, y durante algunos días pensé que Donostia era otra ciudad... Hasta que pregunté a unos amigos dónde estaba Donostia y me explicaron mi error.
>
> En fin, Carlos, creo que el próximo año, si puedo, volveré a esta ciudad. Me ha gustado mucho. ¿Vendrás conmigo? Bueno, te llamaré dentro de un par de semanas para vernos y poderte contar más cosas de este viaje.
>
> Hasta pronto, un abrazo,
>
> Kevin

2. Responde a las siguientes preguntas sobre la carta de Kevin.

1. ¿En qué mes se celebra el Festival de Cine de San Sebastián? _____
2. ¿Qué tiempo está haciendo en San Sebastián? _____
3. ¿Cómo se llama la persona que siente un gran interés por algo? _____
4. ¿Cómo se come en San Sebastián? _____
5. ¿Qué es el vascuence? ¿Tiene otro nombre? _____
   _____
6. Localiza San Sebastián en el mapa de España que hay al final del Cuaderno. ¿En qué comunidad autónoma está? _____

Telecomedia

ANTES

3. Forma un grupo con otros/as tres compañeros/as. Observad las fotografías y elegid a un personaje. Tened en cuenta que vais a tener que contar su vida. Después:

a) explicad por qué habéis elegido a ese personaje;

b) rellenad su ficha de común acuerdo;

c) escribid cada uno/a una de las descripciones propuestas;

d) leed las cuatro descripciones. Preguntad lo que no entendáis y discutid aquello con lo que no estéis de acuerdo.

e) escribid entre los/las cuatro una biografía del personaje con todos los datos que tenéis.

1

2

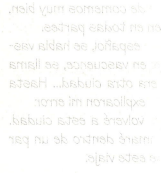
3

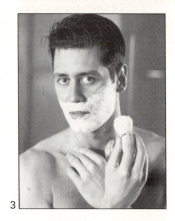
4

5

6

a) **Personaje elegido:** núm._____

b) **Ficha**

Nombre:	
Apellidos:	
Edad: _____ **Estado civil:** _____	
Profesión:	
Dirección actual:	

c) y d) **Descripciones del personaje**

1. Su físico, su carácter y su estado de ánimo. Lo que hace normalmente todos los días, a qué se dedica y lo que le gusta.

2. Su físico y su carácter hace seis años. Lo que hacía entonces normalmente, a qué se dedicaba y lo que le gustaba.

3. Lo que está haciendo en el momento de la foto y lo que hizo unas horas antes.

4. Lo que va a hacer unas horas después de la foto y lo que hará mañana.

e) **Biografía de** _____

Unidad 38

DESPUÉS

4. Responde a las siguientes preguntas relacionadas con la Telecomedia.

1. ¿Por qué están Diego, Rosi, Carmen y Juan en San Sebastián? _____

2. ¿Por qué está nervioso Diego? _____

3. ¿Dónde ha dicho Carmen que ha estado durante unos días? _____
4. ¿De qué tienen que hablar Carmen y Juan? _____
5. ¿Por qué se está comiendo Diego el pañuelo? _____
6. ¿Quién crees que es más "tonto", Juan o Carmen? ¿Por qué? _____

EN RESUMEN

Ordena las frases siguientes, numerándolas de acuerdo con la Telecomedia. Luego, añade información en cada una de ellas, como en el ejemplo, para hacer un resumen del episodio.

☐ *Carmen y Juan se encuentran en el Paseo Marítimo.* _____

☐ *Carmen y Diego han visto el programa.* _____

[1] *Juan pregunta por Carmen. Diego no sabe nada de ella y el programa va a empezar dentro de poco. Rosi dice que Carmen ya ha llegado y que está en el Paseo Marítimo, por eso Juan va corriendo al paseo para hablar con ella.*

☐ *Juan habla con un señor en la calle.* _____

☐ *Diego pregunta por Juan.* _____

☐ *Un señor habla con Juan en la calle.* _____

Unidad 39 Tenía que pasar

Repaso 3 B

1. Vamos a recordar algunos episodios de *Viaje para dos*. Mira la Presentación y, luego, completa los siguientes diálogos.

MEGAFONÍA: Tren situado en vía cinco, *Viaje al Español.*

LUIS CÁNOVAS: Por favor... ¡_____, por favor! Hola. _____ Luis Cánovas. _____ a *Viaje al Español.*

JUAN: _____, yo _____ Juan _____. Encantado.

CARMEN: ¿Qué _____? Yo _____ Carmen _____.

ROSI: Sí, _____. Un _____. Oye, Diego, te llaman por _____.

DIEGO: ¿A mí?

ROSI: Sí, es _____ ti.

DIEGO: No estoy.

JUAN: Un _____ en la nieve.

DIEGO: Sí, hombre. _____ tiene nieve, ¿no? Nieve, sol, playas... No estoy. ¡No estamos!

CARMEN: ¡Socorro! ¿Dónde _____ David?

MARÍA: ¡David! ¡Socorro!

DAVID: ¿Qué _____?

SEÑORA: Le _____ el apartamento, ¿verdad?

JUAN: Sí, _____ bonito. Un poco pequeño, pero...

SEÑORA: ¿Cómo, pequeño? ¡_____ perfecto para un hombre _____!

ÓSCAR: _____, ¿qué _____?

JUAN: Buenos _____.

MARÍA: ¡_____, _____!

CARMEN: Verá, _____ conocí en un tren... y ahora trabajamos juntos... No _____ por qué le cuento todo esto.

PINTORA: ¿_____ quieres?

CARMEN: _____ sé...

PINTORA: ¡_____ quieres!

2. De todos los episodios que has visto, ¿cuál te ha gustado más y por qué?

_____
_____
_____
_____
_____
_____

Telecomedia

ANTES

3. Éste es un juego de repaso para que tus compañeros/as y tú recordéis lo que habéis aprendido en este curso.

El juego se divide en cuatro grupos de pruebas: de léxico **L**, de gramática **G**, de expresión oral **E** y culturales **C**.

Se necesita: un dado y tantas fichas diferentes como jugadores.

Reglas del juego:
– avanza tantas casillas como marque el dado;
– haz una de las pruebas del grupo que indique la casilla;
– si la respuesta es correcta, vuelve a tirar el dado;
– si la respuesta no es correcta, juega el/la siguiente compañero/a.

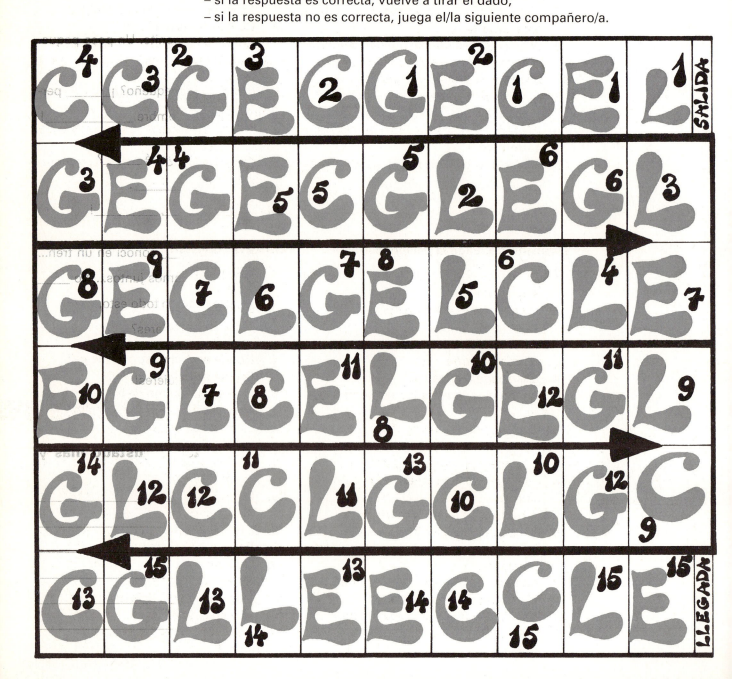

Léxico. Contesta.

1. ¿Qué es lo contrario de: "alto/a", "gordo/a" y "feo/a"?
2. ¿Qué significa "antiguo"?
3. Di el nombre de cuatro profesiones.
4. ¿Cómo se llama el lugar donde venden periódicos?
5. ¿Qué cosas puedes comprar en un estanco?
6. Di cuatro partes del cuerpo humano.
7. ¿Qué es un ascensor?
8. ¿Qué palabra sobra: soso/a, pequeño/a, amargo/a?
9. Di cinco cosas que se puedan comer.
10. ¿Qué ropa llevas hoy?
11. ¿Qué es un "supermercado"?
12. Di tres cosas que haya en una oficina.
13. ¿Qué quiere decir "alquilar"?
14. ¿Qué palabra sobra: pensar, hablar, decir, contar?
15. Di el nombre de tres nacionalidades.

Expresión oral. Contesta.

1. ¿Cuál es tu dirección? ¿Y tu teléfono?
2. No oyes bien a tu compañero/a. ¿Qué le dices?
3. ¿Cómo pides un café en un bar?
4. ¿Qué hora es?
5. ¿Cómo le pides permiso a alguien para hacer algo?
6. ¿Qué tiempo hace hoy?
7. ¿Qué dices cuando coges el teléfono?
8. ¿De dónde eres?
9. ¿Cómo invitas a alguien a algo?
10. ¿Cuál es tu estado civil?
11. ¿Cómo le cedes el turno a alguien?
12. ¿Qué edad tienes? ¿Cuándo es tu cumpleaños?
13. ¿Cómo pides la comida en un restaurante?
14. ¿A qué te dedicas? ¿Qué cosas tienes que hacer?
15. ¿Cómo le pides disculpas a alguien?

Gramática. Elige la palabra correcta.

1. Te aconsejo que lees/leerás/leas *Cien años de soledad*.
2. Últimamente, Carmen ha sido/estado muy triste.
3. Dile/Dilo/Dila a Juan que tiene que venir esta tarde.
4. ¿De dónde vienes/vas?
5. Quiero que vengas/vienes/venir a mi fiesta.
6. Este vestido es tan/igual/más barato que el otro.
7. A mí me gusta/gustan mucho el cine.
8. Ayer he visto/vi una exposición de pintura.
9. ¿Dónde es/está el concierto?
10. Quiero un novio/a que es/sea guapo/a.
11. Para hacer una tortilla hacen/hace falta patatas.
12. Juan, ve/vas/vayas a comprar pan.
13. ¿Cuándo está/es la película?
14. Hoy, Carmen es/está muy guapa.
15. Quiero dinero por/para comprar un piso.

Cultura. Contesta.

1. ¿Qué es y dónde está la Sagrada Familia?
2. ¿Quiénes son los Reyes Magos?
3. ¿Cuál es el edificio más famoso de Sevilla?
4. ¿Dónde está el Rastro y qué es?
5. ¿Dónde se habla español?
6. ¿Qué es el Camino de Santiago?
7. Di un producto típico de España.
8. ¿Qué se celebra cada año en San Sebastián?
9. ¿Cuáles son los carnavales más famosos de España?
10. ¿En que país hispanoamericano está Guadalajara?
11. Di dos nombres de islas españolas.
12. ¿Por que es conocida Salamanca?
13. ¿Qué otras lenguas conoces que se hablen en España?
14. ¿Qué cosas son típicas en una Navidad española?
15. ¿De dónde viene la palabra "ultramarinos"?

Unidad 39

DESPUÉS

4. Vuelve a ver la Telecomedia. Luego, escribe dos de las intervenciones de cada uno de los personajes siguientes.

CARMEN: — _____
— _____

JUAN: — _____
— _____

MARÍA: — _____
— _____

DIEGO: — _____
— _____

ROSI: — _____
— _____

5. Completa las frases siguientes, de acuerdo con la información de la Telecomedia.

1. Carmen quiere que su madre _____
2. Juan le dice al taxista que pare porque _____
3. El tren de Juan sale dentro de _____
4. Rosi le dice a Carmen que Juan _____
5. Carmen tiene que llegar a tiempo a _____
6. El señor le deja su taxi porque _____

EN RESUMEN — Escribe un resumen de este último episodio de la Telecomedia y complétalo con una continuación de la historia. ¡Pero tendrás que esperar al próximo curso para comprobar si has acertado!

_____
_____
_____
_____
_____
_____

Transcripción de la casete B

UNIDAD 14. Usted sí puede pasar. REPASO 1

Ejercicio 7. Marque.

1. Shhhh. No hagas ruido.
2. Cuidado, no pases. Todavía está rojo.
3. ¡Ven aquí! ¡No cruces!
4. No corra, no corra.
5. ¡Niño! ¡No toques eso!

UNIDAD 15. ¿Qué tal es tu amigo?

EN RESUMEN. Escuche.

Carmen y su madre están comprando en el mercado. Juan y un amigo también quieren comprar algo de comer. Se encuentran todos en la frutería. La madre de Carmen se hace amiga del amigo de Juan y se van juntos en coche a Guadalajara. Carmen y Juan ayudan a dos músicos que quieren coger a su perro.

UNIDAD 16. Así se compra un árbol

Ejercicio 2. Escuche.

— ¡Hola!
— ¡Hola, Ana! ¿De dónde vienes?
— De comprar unas cosas.
— ¿Qué cosas? ¿Los regalos de Navidad?
— Pues sí... Pero no voy a decirte nada más. Es una sorpresa.
— Vaya... Oye, ¿ya hay luces en la calle?
— Sí. Están muy bonitas. Bueno, ¿cuándo adornamos la casa? Ya tenemos las figuras del belén y el árbol. Y, además, bolas para adornarlo. Podemos empezar, ¿no?
— Vale. Tú adornas el árbol y yo monto el belén. Voy a poner Reyes.
— Sí, claro... ¡Ah! ¿Y tu carta para los Reyes?
— ¡Bah!... Nunca me traen lo que pido.
— ¡Claro! A ti sólo te traen carbón, como a los niños malos.
— ¡Qué graciosa! ¿Y a ti?
— También, pero a mí me gusta mucho y me lo como.
— Pues a mí me gustan más los turrones.
— ¡Mmmm..., los turrones! ¿Vamos mañana a comprarlos?
— No. Esta semana me van a dar el lote del trabajo, y siempre lleva turrón. Pero podemos comprar el cava.
— ¿Cuántos invitados van a venir a la cena de Nochevieja?
— Pues no sé... Creo que ocho o nueve... Los otros van a tomar las uvas en su casa. Vendrán a tomar una copa después de la cena.
— Bueno, mira, me voy a duchar. Después hacemos la cena, ¿vale?
— Vale.

UNIDAD 17. ¿Qué tal el viaje?

Ejercicio 1. Escuche y complete.

Las Islas Canarias están formadas por siete islas.

La más grande es Tenerife, con el Teide, la montaña más alta de España. Mide tres mil setecientos metros.

En Gran Canaria podemos encontrar las playas más bonitas. Es como un pequeño continente.

Lanzarote es una gran reserva ecológica. Tiene muchos volcanes y unas playas maravillosas.

La Palma contrasta con las demás islas; es muy verde, tiene mucha vegetación. La llaman la "Isla Bonita".

Fuerteventura guarda todavía restos de su historia colonial.

Gomera y Hierro conservan su flora natural y también el folclore característico de las islas.

El clima de las Canarias es templado y la temperatura es agradable durante todo el año.

Ejercicio 5. Marque.

— Bueno, ya estamos en Lanzarote.
— Sí, ¡qué bien!
— Ahora, pensemos qué vamos a hacer estos días aquí, en la isla.
— Yo tengo un mapa, mira. A ver... ¿Dónde estamos?
— Aquí, en Arrecife, la capital.
— Pues, ¿qué tal el Parque de Timanfaya? ¿Vamos mañana?
— ¿A las Montañas del Fuego?
— Sí, a los volcanes.
— Mmmm... Muy bien. Pero por la mañana, ¿eh? Después hace mucho calor.
— Sí, sí, claro... Después podemos ir a comer a Yaiza.
— Bien. ¿Y por la tarde? ¿Vamos a Costa Teguise?
— ¿Por la tarde? Yo prefiero ir a la playa y descansar. Podemos ir a Costa Teguise mañana. Y mañana por la tarde podemos ir también a la Cueva de los Verdes.
— Sí, sí, buena idea. Y por la noche podemos cenar en los Jameos del Agua. Creo que es un sitio muy bonito.
— De acuerdo.

Transcripción de la casete B

UNIDAD 18. ¿Han visto a David?

Ejercicio 3. Escuche y complete.

— ¡Hola, Carmen! ¿Cómo estás?
— Muy bien, ¿y tú?
— Bien, gracias. ¿Qué tal las vacaciones?
— Muy bien.
— ¿Dónde has estado?
— He estado en Tenerife.
— ¡Qué bien! ¿Y qué has hecho?
— He descansado mucho, he ido a la playa, he tomado el sol y he conocido a un chico muy guapo...
— ¿Sí? Cuenta, cuenta...

Ejercicio 5. Escuche.

Hoy me he levantado a las siete y media, me he duchado y he desayunado como todos los días. He ido a la oficina, pero a las doce he salido para ir al médico. Luego he ido a mi casa; mi padre está de viaje, por eso he comido sólo con mi madre y mi hermana. Hoy no he estudiado, he ido al cine con mis amigos. Ya he cenado, pero no voy a ver la televisión: estoy muy cansada. Me voy a acostar pronto.

UNIDAD 19. ¿Cómo es el niño?

Ejercicio 3. Marque.

Esta mañana se ha cometido un robo en una importante joyería de Madrid. Los ladrones han escapado con las joyas. Un testigo ha visto a uno de los ladrones subiendo a un coche y ha dado su descripción: es un hombre alto, mide más o menos un metro setenta y cinco. Tiene el pelo moreno, corto y rizado. Sus ojos son oscuros. Según el testigo, pesa noventa kilos.

UNIDAD 20. Me duele todo

Ejercicio 3. Escuche y complete.

En la consulta del médico.
— Buenos días.
— Buenos días. Usted dirá.
— Doctor, me duele la espalda.
Al teléfono.
— Juan, te llaman por teléfono.
— Sí, dígame.
— Buenos días. Soy de Televisión Española.
— ¡Ah! Un momento, por favor... Usted dirá.
— Estamos haciendo un programa de televisión sobre España y necesitamos su colaboración.

UNIDAD 21. Aquí nací yo

Ejercicio 2. Marque.

— Hola, Ana, ¿qué tal? ¿Ya llegó tu amigo Joseph de Londres?
— Sí, llegó el sábado por la noche. Y ayer estuvimos visitando la ciudad.
— ¿Qué hicisteis?
— Me levanté y salí de casa temprano. Fui al hotel a buscar a Joseph. El hotel está cerca del centro de la ciudad, por eso fuimos andando a todos los sitios. Primero fuimos a la Plaza Mayor, a un café muy pequeño que se llama El Cafetín. Allí desayunamos chocolate con churros. Después fuimos al museo, a una exposición de pintura contemporánea.
— ¿Qué tal es?
— Muy buena, muy interesante. Te la recomiendo.
— ¿Y después, qué más hicisteis?
— Visitamos la catedral y dimos un paseo por la ciudad. También fuimos al parque. Comimos en el Mesón El Descanso. Le gustó mucho la tortilla de patatas.
— ¡Claro!
— Fue un día estupendo. Nos divertimos mucho. ¿Y tu fin de semana, qué tal?
— Huy... Así, así...
— ¿Por qué? ¿Qué ha pasado?

UNIDAD 22. En invierno

Ejercicio 1. Escuche. (Texto en la unidad.)

Ejercicio 2. Escuche.

— Buenas tardes, ¿está Mercedes?
— Sí, ¿de parte de quién?
— De Pablo.
— Un momento, por favor...
— ¡Hola, Pablo! Soy Mercedes.
— ¡Hola! ¿Qué tal?
— Muy bien. ¿Y tú?
— Bien, gracias. Te llamo para decirte que tengo dos entradas para ir al teatro.
— ¡Qué bien! ¿Para cuándo?
— Para el próximo miércoles. ¿Te parece bien?
— Sí, perfecto.
— Empieza a las nueve y media de la noche, pero podemos tomar antes una copa, ¿no?
— Estupendo. Tú invitas.

Transcripción de la casete B

UNIDAD 23. Que vienen los primos

Ejercicio 2. Escuche.

— Buenos días.
— Buenos días. ¿Qué desea?
— Quiero visitar El Escorial, Aranjuez y Ávila, y necesito información. ¿Cómo se puede ir a estas ciudades? ¿A cuántos kilómetros están de Madrid?
— A ver... Para ir a El Escorial, puede coger un autobús.
— ¿Está muy lejos?
— No, no. Está a unos cincuenta kilómetros. Ávila está más lejos, a unas dos horas y media en tren. También puede ir en autobús.
— ¿Y Aranjuez? ¿Está muy lejos?
— Aranjuez está más cerca de Madrid. Hay un tren hasta allí.

Unidad 24. Me gusta Sevilla

Ejercicio 1. Escuche. (Texto en la unidad.)

UNIDAD 25. ¿Cuál quiere?

Ejercicio 2. Escuche y complete.

1. — Juan, ¿tienes unos pantalones para prestarme?
   — Sí, ¿cuáles quieres?
2. — ¿Qué día vamos a cenar? ¿El lunes o el martes?
   — El martes.
3. — ¿Y las llaves?
   — ¿Cuáles?
   — Las del coche.
4. — ¿Cuál es el número de teléfono de Isabel?
   — ¿Cuál? ¿El del trabajo o el de su casa?
   — El de su casa.
5. — ¿Qué quieres tomar?
   — Un café, gracias.
6. — María, ¿dónde está la camisa?
   — ¿Cuál?
   — La de rayas grises.

Ejercicio 7. Escuche.

1. — Buenos días.
   — Buenos días. ¿Qué desea?
   — Quiero una blusa.
   — ¿Cómo la quiere?
   — De seda.
   — De seda tenemos ésta roja, esta otra azul, la blanca...
   — Me gusta la roja.
   — ¿Quiere probársela?
   — Sí, por favor.
   — ¿Qué talla?
   — La treinta y ocho.
   — ¿Qué tal?
   — Me gusta mucho. Me la llevo.

2. — Buenos días.
   — Buenos días. ¿Qué desea?
   — Quiero ver unos zapatos del escaparate.
   — Sí, ¿cuáles?
   — Los negros. ¿Son de piel?
   — Sí, señor. ¿Qué número tiene?
   — El cuarenta y dos.
   — ¿Le gustan? ¿Le quedan bien?
   — Muy bien. Me los llevo.

UNIDAD 26. Bailábamos, bailábamos, bailábamos

EN RESUMEN. Escuche y complete.

Carmen y Juan estaban en el Palacio de Lebrija preparando un programa de televisión. Conocieron a una mujer que le dio a Carmen un libro y olvidó unas llaves. Juan fue a buscarla y encontró a otra mujer que se parecía mucho a Carmen. Era un fantasma que le explicó a Juan lo que ella hacía antes. Dijo que iba casi cada noche a la casa. En esa casa vivía un hombre y daba muchas fiestas. Iban también todos sus amigos y bailaban, bailaban... Hasta que un día algo sucedió.

UNIDAD 28. Ésta es más bonita

Ejercicio 4. Escuche y complete.

— Buenos días. ¿En qué puedo servirle?
— Buenos días. Estoy buscando un paraguas de caballero.
— ¿Cómo lo quiere?
— No sé, quiero uno bueno, pero no tan grande como ésos.
— Tenemos este modelo con el mango de madera en varios colores.
— Sí, éste me gusta, pero es bastante caro. ¿No tiene otro más barato?
— Mire, todos éstos son más baratos, pero no son tan buenos, y luego tenemos éstos, que son un poco más caros pero no cuestan tanto como el primero. ¿Le gustan?

— Sí, pero, ¿la calidad es igual? ¿Éstos son buenos?
— Sí, sí, la calidad de estos paraguas es igual que la del otro porque son de la misma marca. Son más baratos porque el mango es de plástico.
— Ah, bueno, eso no me importa. ¿Sólo tienen estos colores?
— Sí, en azul y en verde.
— Bueno, me llevo el verde, parece más elegante que el otro.

Ejercicio 7. Marque.

1. — Mira, ahí está Juana. Hace días que no la veo.
   — Huy, pues parece enferma. Tiene mala cara.
   — Sí, es verdad. Voy a hablar con ella.

2. — ¿Y cuántos años tiene tu abuela?
   — ¿Mi abuela? Setenta y ocho.
   — ¿En serio? Parece mucho más joven.

3. — ¿Qué tal te ha ido el día, Carlos? Pareces cansado.
   — Sí, he tenido un día muy pesado, horrible.

4. — Mira, ése es el nuevo profesor.
   — Parece nervioso, ¿no?

5. — Carmen, la lámpara de la mesita no se enciende.
   — Seguro que la bombilla está fundida.
   — No, no. Es la lámpara. Parece estar estropeada.

6. — ¿Cómo funciona el vídeo?
   — Daniel, hijo, pareces tonto. Te lo he explicado varias veces.
   — Bueno, nunca me acuerdo...

7. — Aquélla es mi hermana pequeña.
   — Parece muy simpática.
   — Sí, es verdad. Siempre está sonriendo.

8. — Esta mañana he comprado una lámpara en el Rastro. A ver si te gusta.
   — Sí, me gusta mucho. Y parece nueva.
   — Sí, yo también he pensado que parecía nueva.

UNIDAD 29. Era un chico estupendo

Ejercicio 1. Escuche.

Éste es el segundo año que estudio en Salamanca. Yo no soy de Salamanca, por eso vivo en un piso alquilado con otros dos compañeros de clase. El piso es grande y cómodo, pero está un poco lejos de la Universidad. Pero no me importa: yo tengo moto y voy con ella a clase todos los días. El problema es en invierno porque en Salamanca siempre hace mucho frío. Mi padre dice que estudio poco y que nunca voy a la biblioteca, pero no es verdad: voy a la biblioteca y hago fotocopias de algunos libros que no se encuentran en las librerías. Pero estudio en casa, es más cómodo. Mi padre también dice que salgo demasiado por la noche, pero eso es normal. Salamanca es una ciudad muy animada, la gente es simpática y es muy fácil hacer amigos. A mí me encanta ir a tomar tapas y también ir a discotecas a oír música o bailar. Me gusta estudiar en Salamanca y salir con mis amigas de clase por las noches.

UNIDAD 30. Me parece que sí

Ejercicio 11. Conteste.

1. ¿Cómo va vestida Miriam?
2. ¿Cómo le queda el vestido?
3. ¿Qué le pasa a Miriam?
4. ¿Quiere Miriam casarse con Daniel?

UNIDAD 31. Quiero ir con vosotros

Ejercicio 7. Marque.

— Hola, Patricia. ¿Qué tal?
— Hola, mamá. Bien...
— ¿Qué te pasa, hija?
— No sé... Me duele mucho el estómago.
— Vaya. ¿Has tomado algo en la oficina?
— No, nada, nada, no tenía hambre.
— Pues quiero que comas algo, un poco de sopa o verdura.
— No, no quiero comer.
— Entonces te aconsejo que te tomes una infusión y te acuestes. No quiero que vayas a trabajar esta tarde.
— Yo tampoco quiero ir, pero es que tengo mucho trabajo.
— Y yo quiero que llames y digas que estás enferma. No quiero que por la tarde me llamen de tu oficina y me digan que estás peor.
— Ay, mamá, no te preocupes. Ya se me pasará.
— Está bien, pero yo te aconsejo que no salgas de casa esta tarde y que vayas mañana al médico. Además, no es la primera vez que te pasa esto.
— Vale, vale...

Transcripción de la casete B

UNIDAD 32. Porque no está Juan

Ejercicio 9. Marque.

1. Son las cuatro y media y el tren sale a las cinco. ¡Vamos a perder el tren! 2. ¡Anda! ¡Me he dejado el dinero en casa! 3. ¡Cuidado, que vas a caerte! ¡Baja de ahí! 4. Me has dicho que el autobús sale a las once y sólo faltan diez minutos. No llegaremos a tiempo. 5. Oye, no tengo suficiente dinero para sacar las entradas de los dos. 6. Estamos preocupados porque los chicos no han llegado aún. 7. Estoy nerviosa: ha venido mucha gente y no sé si habrá bastante bebida para toda la noche.

UNIDAD 34. Carmen está triste

Ejercicio 9. Marque.

1. — Llevo media hora haciendo la maleta. Quiero meter la toalla grande pero no puedo.
   — ¿Te echo una mano?
   — No, es igual, creo que no cabe. Meteré la pequeña y ya está.
2. — Tengo la lavadora estropeada y hasta dentro de unos días no vendrán a arreglarla.
   — ¿Quieres que te lave la ropa en mi casa?
   — No, gracias. Puedo lavar a mano. Pero a lo mejor puedes lavarme unas sábanas.
3. — He comprado una alfombra nueva para el salón. La pondré este fin de semana.
   — ¿Necesitas ayuda para mover los muebles?
   — La verdad, sí, gracias, porque yo sola creo que no podré ponerla.
4. — Mañana tengo que entregar un trabajo en la universidad y todavía no he terminado.
   — ¿Te ayudo en algo?
   — No, no puedes ayudarme porque tengo que hacerlo en el ordenador. Pero si quieres, puedes ir a hacer unas fotocopias que necesito.
5. — Esta noche vienen a cenar unos amigos, no tengo bebidas en casa y aún no he hecho la cena.
   — ¿Necesitas ayuda?
   — Sí, gracias. ¿Puedes ir a comprar las bebidas mientras yo hago la cena?

UNIDAD 35. Dice que no va

Ejercicio 6. Escuche y complete.

1. — Daniel, ve a comprar leche, por favor.
   — ¿Cuántas botellas traigo?
   — Dos.
   — Vale. Enseguida vuelvo.
2. — Adiós, Susana. Buen viaje.
   — Adiós, hasta pronto.
   — ¡No te olvides de escribirme una postal!
   — No me olvidaré. ¡Adiós!
3. — Eduardo, espérame en la cafetería de la esquina a las seis.
   — ¿Por qué?
   — Tengo que decirte algo muy interesante.
   — A las seis... De acuerdo, allí estaré.
4. — Teresa, por favor, llame al señor Gómez.
   — ¿Quiere que le diga algo?
   — No, gracias. Yo hablaré con él.
   — Muy bien. Enseguida lo llamo.

UNIDAD 36. Tenemos que hablar

Ejercicio 9. Escuche y complete.

1. — ¿Queréis tomar más café?
   — No, gracias. Ya nos vamos, que es tarde.
   — De verdad, ¿no queréis tomar más café?
   — No, no, nos vamos, gracias.
2. — ¿Nos trae más pan, por favor?
   — Sí, enseguida.
   — ¿Y nos puede traer otra botella de agua?
3. — ¿Quieres probar unas galletas muy buenas que compré ayer?
   — Bueno. Mmmm. ¡Está riquísima! ¿Puedo coger otra?
   — Sí, sí, claro.
4. — Te invito a cenar esta noche.
   — De acuerdo, pero yo te invito a una copa después de la cena.
   — Estupendo.

UNIDAD 37. Una cosa que se llama... amor

Ejercicio 5. Escriba.

1. Quiero un libro que hable de dinosaurios. 2. Necesito el bolígrafo rojo que está en la mesa. 3. No sé dónde he puesto las pilas que compré ayer. 4. Necesitamos una secretaria que hable inglés. 5. ¿Conoce a alguien que quiera vender su coche? 6. Buenas tardes. Quiero una colonia que no sea muy cara. 7. Buscamos un piso que tenga tres habitaciones.

Vocabulario

En esta lista se recogen sólo las palabras que no han aparecido en el Libro. Las palabras en *cursiva* han aparecido en el Cuaderno en unidades anteriores.

(m.) = masculino
(f.) = femenino
(v. i.) = verbo irregular
(adv.) = adverbio
(sg.) = singular
(pl.) = plural

Unidad 14

accidente *(m.)*
acordarse *(v. i.)*
al final *(adv.)*
alimento *(m.)*
antes *(adv.)*
bebida *(f.)*
buscar
carrera *(f.)*
cruzar
darse cuenta
decidir
determinado, -a
doler *(v. i.)*
dolor *(m.)*
edificio *(m.)*
empezar
entonces *(adv.)*
especial *(m. y f.)*
estudiante *(m. y f.)*
fiesta *(f.)*
fin de semana *(m.)*
ganar
grande *(m. y f.)*
guía *(m. y f.)*
guitarra *(f.)*
guitarrista *(m. y f.)*
historia [narración] *(f.)*
importar [tener importancia]
juntos, -as
lugar *(m.)*
maratón *(m. o f.)*
medio de transporte *(m.)*
misterioso, -a
música *(f.)*
necesario, -a
oso, -a
palacio *(m.)*
pedir *(v. i.)*
perder *(v. i.)*
prenda [de vestir] *(f.)*
prensa *(f.)*
presentación *(f.)*
presente *(m.)*
problema *(m.)*
recoger
ruido *(m.)*
solucionar
supermercado *(m.)*
tampoco *(adv.)*
taxista *(m. y f.)*
tener prisa
tienda *(f.)*
trabajar
valer *(v. i.)*
verdad *(f.)*
zapatilla de deporte *(f.)*

Vocabulario

UNIDAD 15

agradable *(m. y f.)*
al final (adv.)
ambiente *(m.)*
antes (adv.)
avenida *(f.)*
baile *(m.)*
banquete *(m.)*
ceder
cena *(f.)*
cenar
cerrado, -a
chino, -a
cliente, -a
cocina [comida] *(f.)*
cóctel *(m.)*
conocido, -a [famoso, -a]
dependiente, -a
echar una mano
egipcio, -a
embutido *(m.)*
especialidad *(f.)*
gastar
gato, -a
grupo *(m.)*
gustar
heladería *(f.)*
horchatería *(f.)*
importante *(m. y f.)*
importar [tener importancia]
innovación *(f.)*
interesante *(m. y f.)*
interrumpir
intervenir *(v. i.)*
junto a *(adv.)*
juntos, -as
madrugada *(f.)*
maíz *(m.)*
manchego, -a
mariscada *(f.)*
marisco *(m.)*
mediterráneo, -a
mercado *(m.)*
mesón *(m.)*
mientras *(adv.)*
museo *(m.)*
músico *(m. y f.)*
negocio *(m.)*
normal *(m. y f.)*
ostra *(f.)*
parrillada *(f.)*
pasta *(f. sg.)*
persona *(f.)*
pimienta *(f.)*
pintor, -a
plato [comida] *(m.)*
por fin *(adv.)*
preguntar
rápido, -a
reserva *(f.)*
salsa *(f.)*
sandwichería *(f.)*
servicio *(m.)*
tapa [aperitivo] *(f.)*
tener prisa
terraza *(f.)*
típico, -a
tostada *(f.)*
tradicional *(m. y f.)*
turno *(m.)*
ultramarinos *(m.)*
verdura *(f.)*

UNIDAD 16

abrelatas *(m.)*
además *(adv.)*
adornar
adorno *(m.)*
alegre *(m. y f.)*
árbol de navidad *(m.)*
arroz *(m.)*
arroz con leche *(m.)*
belén *(m.)*
beso *(m.)*
bola *(f.)*
broma *(f.)*
campanada *(f.)*
carbón *(m.)*
carta [de correo] *(f.)*
cava *(m.)*
cena *(f.)*
cenar
¡claro!
cocer *(v. i.)*
comida [alimento] *(f.)*
corteza de limón *(f.)*
creer *(v. i.)*
dejar
después *(adv.)*
día de los inocentes *(m.)*
diciembre *(m.)*
disfraz *(m.)*
disfrazarse
ducharse
dulce *(m.)*
el gordo *(m.)*
empezar (v. i.)
enero *(m.)*
enfadar
enfriar
exprimidor *(m.)*
fecha *(f.)*
felicitación *(f.)*
¡feliz navidad!
fiesta (f.)
figura *(f.)*
gracioso, -a
gustar
hervir *(v. i.)*
inocentada *(f.)*
invitado, -a
lote *(m.)*
lotería *(f.)*
malo, -a
más *(adv.)*
mayonesa *(f.)*
montar
nacimiento *(m.)*
nochevieja *(f.)*
nunca *(adv.)*
pensar *(v. i.)*
premio *(m.)*
preparar
rey mago *(m.)*
salón *(m.)*
siempre *(adv.)*
sorpresa *(f.)*
triste *(m. y f.)*
turrón *(m.)*
villancico *(m.)*

Vocabulario

UNIDAD 17

aburrido, -a
acostarse *(v. i.)*
agradable (m. y f.)
asiento *(m.)*
característico, -a
clima *(m.)*
colonial *(m. y f.)*
conservar
continente *(m.)*
contrastar
costa *(f.)*
cubierto, -a
cueva *(f.)*
divertirse *(v. i.)*
durante *(adv.)*
ecológico, -a
equipaje *(m.)*
flora *(f.)*
folclore *(m.)*
formar

grande (m. y f.)
guardar
hambre *(f.)*
historia [ciencia] *(f.)*
isla *(f.)*
lluvia *(f.)*
mapa *(m.)*
maravilloso, -a
más (adv.)
medir *(v. i.)*
metro [medida] *(m.)*
montaña *(f.)*
natural *(m. y f.)*
niebla *(f.)*
nieve *(f.)*
nube *(f.)*
nublado, -a
ocupado, -a
pasear
pensar (v. i.)

pregunta *(f.)*
reserva *(f.)*
resto *(m.)*
sitio *(m.)*
solo, -a
temperatura *(f.)*
templado, -a
tomar el sol
trabajo *(m.)*
vegetación *(f.)*
volcán *(m.)*

• •

UNIDAD 18

acostarse (v. i.)
administrativo, -a
ajedrez *(m.)*
alimentación *(f.)*
anciano, -a
arreglar
aviso *(m.)*
bañarse
besar
beso (m.)
bilingüe *(m. y f.)*
cama *(f.)*
cansado, -a
carnaval *(m.)*
celebrar
cita *(f.)*
cocina [arte] *(f.)*
comercial *(m. y f.)*
comercio *(m.)*
comparsa *(f.)*
condición *(f.)*
contar [narrar] *(v. i.)*
cuidar
de compras
de parte de
disfraz (m.)

disfrazarse
empleo *(m.)*
escribir a máquina
experiencia *(f.)*
exterior *(m. y f.)*
famoso, -a
fantástico, -a
globo [medio
   de transporte] *(m.)*
grabar
gustar
imprescindible *(m. y f.)*
interno, -a
luego *(adv.)*
máscara *(f.)*
matrimonio [pareja]
   (m.)
mecanografía *(f.)*
mensual *(m. y f.)*
milenario, -a
mueble *(m.)*
nunca (adv.)
organización *(f.)*
pagar
peinar
permiso *(m.)*

persona (f.)
pescar
pico [montaña] *(m.)*
pintar
pintura *(f.)*
piscina *(f.)*
pronto *(adv.)*
propio, -a
respuesta *(f.)*
rúa (f.)
sombrero *(m.)*
sur *(m.)*
típico, -a
vehículo *(m.)*

Vocabulario

UNIDAD 19

actor, actriz
caer *(v. i.)*
cantante *(m. y f.)*
collar *(m.)*
escapar

estrecho, -a
frac *(m.)*
naranja [color] *(m. y f.)*
oscuro, -a
peluca *(f.)*

personaje *(m.)*
sombrero (m.)
sombrero de copa *(m.)*

• •

UNIDAD 20

acercarse
arreglar
colaboración *(f.)*
consulta *(f.)*
contestador
 automático *(m.)*
dejar [prestar]
dejar de
demostración *(f.)*
diente *(m.)*

escalera *(f.)*
esquí *(m.)*
estado [situación] *(m.)*
fuerza *(f.)*
golpear
grave *(m. y f.)*
hombro *(m.)*
información *(f.)*
lámpara *(f.)*
lengua *(f.)*

nieve *(f.)*
paciente [enfermo, -a]
 (m. y f.)
persona (f.)
probarse *(v. i.)*
prueba *(f.)*

• •

UNIDAD 21

bañarse
celebrar
cliente, -a
cuadro *(m.)*
decorado *(m.)*
decorar
después (adv.)
diseñar
enseñar [mostrar]
escaparate *(m.)*

escuela *(f.)*
éxito *(m.)*
exposición *(f.)*
expulsar
firmar
grabado *(m.)*
informar
ingresar
invierno *(m.)*
obra [de teatro] *(f.)*

pensar (v. i.)
personaje (m.)
pintar
plano *(m.)*
traje *(m.)*
último, -a
vestido de novia *(m.)*

• •

UNIDAD 22

a partir de
acto *(m.)*
actuación *(f.)*
además (adv.)
aprender
baile (m.)
caliente *(m. y f.)*
campo de fútbol *(m.)*
catalán, catalana
celebrar
concierto *(m.)*
concurso *(m.)*
curso *(m.)*
de parte de

destacar
difícil *(m. y f.)*
diverso, -a
esquí (m.)
fresco, -a
fuegos artificiales
 (m. pl.)
jugar a las cartas
lema *(m.)*
magia *(f.)*
mágico, -a
merienda *(f.)*
miedo *(m.)*
monitor, -a

mundo *(m.)*
participar
pregón *(m.)*
preparar
pronunciar
punto *(m.)*
realmente *(adv.)*
recuerdo *(m.)*
tener lugar
terminar
tradicional (m. y f.)

Vocabulario

UNIDAD 23

al final *(adv.)*
ayuda *(f.)*
cámara [fotográfica] *(f.)*
camino *(m.)*
de pronto *(adv.)*
decidir

depósito [almacén] *(m.)*
grúa *(f.)*
mili *(f.)*
monitor, -a
municipal *(m. y f.)*
preferir *(v. i.)*

recoger
taxista *(m. y f.)*
torcer [girar] *(v. i.)*

UNIDAD 24

alcázar *(m.)*
árabe *(m. y f.)*
arte *(m.)*
azulejo *(m.)*
celebrar
clásico, -a
configurar
conservar
construir *(v. i.)*
contaminación *(f.)*
convertir *(v. i.)*
cubrir
cultura *(f.)*
cultural *(m. y f.)*
diferente *(m. y f.)*
discoteca *(f.)*
dorado, -a
durante *(adv.)*
emperador, emperatriz
época *(f.)*
espagueti *(m.)*
exposición *(f.)*
flamenco, -a

habitar
huella *(f.)*
iberoamericano, -a
inspiración *(f.)*
isla *(f.)*
modelo [profesión] *(m. y f.)*
monumento *(m.)*
mudéjar *(m. y f.)*
músico *(m. y f.)*
necrópolis *(f.)*
ópera *(f.)*
oro *(m.)*
palacio *(m.)*
patio *(m.)*
pintor, -a
poesía *(f.)*
poeta, poetisa
popular *(m. y f.)*
rastro *(m.)*
resto *(m.)*
romano, -a
ruina *(f.)*

siglo *(m.)*
símbolo *(m.)*
situado, -a
tampoco *(adv.)*
terror *(m.)*
toro, vaca
torre *(f.)*
universal *(m. y f.)*
valle *(m.)*

UNIDAD 25

agencia *(f.)*
aire acondicionado *(m.)*
anoche *(adv.)*
bota *(f.)*
calefacción *(f.)*
calmar
calzado *(m.)*
cliente, -a
cuero *(m.)*
decidir
descubrir
disco *(m.)*
encantar

escaparate *(m.)*
exterior *(m. y f.)*
gitano, -a
intentar
interior *(m. y f.)*
llamar
mar *(m.)*
mercadillo *(m.)*
nevera *(f.)*
piel [cuero] *(f.)*
prestar
queja *(f.)*
quejarse

raya *(f.)*
reclamar
servicio *(m.)*
solución *(f.)*
típico, -a
vista [panorama] *(f.)*

Vocabulario

UNIDAD 26

árabe *(m. y f.)*
cafetería *(f.)*
cansado, -a
casi *(adv.)*
castillo *(m.)*
ceja *(f.)*
continuar
creer (v. i.)
cuadro (m.)
cuidar
dar miedo
describir
error *(m.)*
escalera (f.)
fama *(f.)*
famoso, -a
fantasma *(m.)*
fino [jerez] *(m.)*
gato, -a
gritar
grito *(m.)*
historia [narración] (f.)
imagen *(f.)*
ir vestido, -a
juntos, -as
ladrón, ladrona
limpiar
lugar (m.)
miedo *(m.)*
mientras (adv.)
misterio (m.)
misterioso, -a
monstruo *(m.)*
palacio *(m.)*
pescador, -a
pizzería *(f.)*
posible *(m. y f.)*
preparar
ratón *(m.)*
romano, -a
ruido *(m.)*
simpático, -a
suceder
telegrama *(m.)*
tipo [característica] *(m.)*
tormenta *(f.)*
tratar [tema]
vela *(f.)*
vez *(f.)*

UNIDAD 27

agencia *(f.)*
al final *(adv.)*
alquiler *(m.)*
americano, -a
amueblado, -a
anciano, -a
antiguo, -a
apartamento *(m.)*
aseo [cuarto de baño] *(m.)*
ático *(m.)*
comunicado, -a
calefacción (f.)
casco *(m.)*
celebrar
céntrico, -a
cómodamente (adv.)
cuadro *(m.)*
deshacer
dúplex *(m.)*
durante (adv.)
escritor, -a
estudiante *(m. y f.)*
extranjero, -a
frente a *(adv.)*
gastar
gasto *(m.)*
grupo *(m.)*
ideal *(m. y f.)*
isla (f.)
lámpara (f.)
llamar
matrimonio [pareja] *(m.)*
ordenar
perla *(f.)*
piso [vivienda] *(m.)*
producto *(m.)*
profesional *(m. y f.)*
soleado, -a
temporada *(f.)*
terraza (f.)
típico, -a
tranquilo, -a
traslado *(m.)*
turista *(m. y f.)*
último, -a
zona *(f.)*

Vocabulario

UNIDAD 28

acordarse *(v. i.)*
aire libre *(m.)*
alrededor *(adv.)*
animal *(m.)*
antiguo, -a
antigüedad *(f.)*
arte (m.)
bolsillo *(m.)*
bombilla *(f.)*
broche *(m.)*
caballero *(m.)*
calidad *(f.)*
cambiar
cansado, -a
cantante (m. y f.)
casi (adv.)
castillo (m.)
cliente, -a
cobrar
comprador, -a
conjunto *(m.)*
copia (f.)
cuadro (m.)
curioso, -a
de hecho

dependiente, -a
de segunda mano
diferente (m. y f.)
discutir
distinto, -a
distraerse *(v. i.)*
elegante *(m. y f.)*
estropear
existir
explicar
extranjero, -a
extraño, -a
famoso, -a
florero *(m.)*
fundido, -a
historia [narración] (f.)
huelga *(f.)*
lleno, -a
madera *(f.)*
mango *(m.)*
marca *(f.)*
mercadillo (m.)
modelo [tipo] *(m.)*
nervioso, -a
nunca *(adv.)*

objeto *(m.)*
obra de arte *(f.)*
ocasión *(f.)*
país *(m.)*
pensar (v. i.)
permanente *(m. y f.)*
pesado, -a [cansado, -a]
plástico *(m.)*
popular (m. y f.)
prestar
puesto [tienda] *(m.)*
regalar
regatear
relojería *(f.)*
rodear
serio, -a
siglo (m.)
simpático, -a
simplemente *(adv.)*
sonreír
tapiz *(m.)*
tienda (f.)
urgente *(m. y f.)*
zona (f.)

• •

UNIDAD 29

afeitado *(m.)*
agradable (m. y f.)
alcohol *(m.)*
animado, -a
antitabaco *(m. y f.)*
aperitivo *(m.)*
bebida (f.)
biblioteca *(f.)*
californiano, -a
cambiar
campaña *(f.)*
cantar
cariño *(m.)*
compartido, -a
conversación *(f.)*
cuadro (m.)
discoteca (f.)
divertirse (v. i.)
dividir
eliminar
encargarse

entrada *(f.)*
época (f.)
estar de acuerdo
estudiante (m. y f.)
fotocopia *(f.)*
fumador, -a
grupo *(m.)*
hielo *(m.)*
humo *(m.)*
invitado, -a
loción *(f.)*
lugar (m.)
marisco (m.)
mitad *(f.)*
motivo *(m.)*
nata *(f.)*
nunca *(adv.)*
olor *(m.)*
particular *(m. y f.)*
partido [de fútbol] *(m.)*
pastel *(m.)*

pensar (v. i.)
pensión *(f.)*
perfumar
perfume *(m.)*
piso [vivienda] *(m.)*
política *(f.)*
prohibir
público, -a
reír *(v. i.)*
reservado, -a
residencia *(f.)*
restaurante *(m.)*
salud *(f.)*
sudor *(m.)*
tener en cuenta
tímido, -a
tranquilo, -a
tuna *(f.)*
último, -a
zona (f.)

Vocabulario

Unidad 30

a tiempo
además *(adv.)*
alegrar
alquiler (m.)
amar
anillo (m.)
banquete (m.)
ceremonia *(f.)*
cigarrillo *(m.)*
consejo *(m.)*
contraer [matrimonio] *(v. i.)*
decidir
dibujar
difícil (m. y f.)
Dios *(m.)*
durante (adv.)
enseguida *(adv.)*
esposo, -a
feliz (m. y f.)
fidelidad *(f.)*
hoy en día
invitación *(f.)*
invitado, -a
libremente *(adv.)*
matrimonio [institución] *(m.)*
matrimonio [pareja] *(m.)*
músico *(m. y f.)*
nunca *(adv.)*
piso [vivienda] *(m.)*
posición [estatus] *(f.)*
preparar
puro [cigarro] *(m.)*
rápido, -a
religioso, -a
respetar
separar
social *(m. y f.)*
suegro, -a
trabajo (m.)
traje de novio *(m.)*
unir
vestido de novia (m.)
viaje de novios *(m.)*
voluntariamente *(adv.)*

Unidad 31

administrativo, -a
afortunado, -a
amistoso, -a
amor (m.)
anterior *(m. y f.)*
bombón *(m.)*
calma *(f.)*
cariño (m.)
casi (adv.)
charlar
cucharada *(f.)*
deportista *(m. y f.)*
diferente *(m. y f.)*
discutir
distinto, -a
encuentro *(m.)*
enfadado, -a
enfermo, -a
entonces (adv.)
estimado, -a
feliz (m. y f.)
imaginar
imposible *(m. y f.)*
infusión *(f.)*
juntos, -as
mar *(m.)*
mundo (m.)
negocio (m.)
par (m.)
pensar (v. i.)
persona (f.)
sonreír (v. i.)
sorprender
suerte *(f.)*
trabajo (m.)
trasladar
verdura (f.)

Unidad 32

americano, -a
anciano, -a
¡anda!
ángel (m. y f.)
animal (m.)
asustar
aún *(adv.)*
ayudante de dirección (m. y f.)
barca *(f.)*
bebida (f.)
bombón (m.)
cantante (m. y f.)
concierto (m.)
desconocido, -a
difícil (m. y f.)
enfadarse
estar de copas
faltar
frecuencia *(f.)*
grabar
gritar
guión *(m.)*
llamar
llorar
multa *(f.)*
nervioso, -a
peligroso, -a
pintura (f.)
piso [vivienda] (m.)
quedar [cita]
reservar
salida *(f.)*
sorpresa (f.)
suficiente *(m. y f.)*
tapa [aperitivo] (f.)
tardar
tirar
verdadero, -a

Vocabulario

UNIDAD 33

avenida *(f.)*
aventura *(f.)*
averiguar
ballet *(m.)*
campeón, campeona
celebrar
ciencia *(f.)*
contrato *(m.)*
descubrimiento *(m.)*
desmayarse
entrevista *(f.)*
espectador, -a
estadio *(m.)*
estupendamente *(adv.)*

explicar
firmar
ganar
imaginar
laborable *(m. y f.)*
náutico, -a
obra [composición] *(f.)*
ocio *(m.)*
olímpico, -a
olor (m.)
oriental *(m. y f.)*
orquesta *(f.)*
palacio *(m.)*
partido [de tenis] *(m.)*

próximamente *(adv.)*
prueba (f.)
real *(m. y f.)*
relación *(f.)*
soñar *(v. i.)*
sumario *(m.)*
único, -a

UNIDAD 34

acercarse
alfombra *(f.)*
anular
aplaudir
arquitectura *(f.)*
arreglar
asustado, -a
avergonzado, -a
cartera *(f.)*
darse cuenta
decidir
desconocido, -a
devolver *(v. i.)*
enamorado, -a
entender *(v. i.)*
entregar
época (f.)

estropeado, -a
festivo, -a
fotocopia *(f.)*
grupo *(m.)*
humor *(m.)*
lavar a mano
mareado, -a
mover *(v. i.)*
nota [calificación] *(f.)*
pasado, -a
pensar *(v. i.)*
personaje *(m.)*
recuperar
representación *(f.)*
robar
ruido *(m.)*
sentirse *(v. i.)*

significar
siguiente *(m. y f.)*
tener ganas
tirar
toalla *(f.)*
trabajo (m.)
turista (m. y f.)

UNIDAD 35

asar
cafetería (f.)
colgar [el teléfono] *(v. i.)*
*contestador
    automático (m.)*
encontrarse *(v. i.)*
esquina *(f.)*
excursión *(f.)*
hacer falta

interesante (m. y f.)
llamar
martillo *(m.)*
mensaje *(m.)*
misión *(f.)*
partido (m.)
paz *(f.)*
por cierto
saco de dormir *(m.)*

señal *(f.)*
soldado *(m.)*
sonar *(v. i.)*
tener ganas
tos *(f.)*

Vocabulario

Unidad 36

además *(adv.)*
agradable *(m. y f.)*
ahorrar
apóstol *(m.)*
apoyar
atar
atravesar
bastón *(m.)*
bolsa *(f.)*
calabaza *(f.)*
caminar
camino *(m.)*
capa *(f.)*
celebrar
cintura *(f.)*
comercial *(m. y f.)*
comunicativo, -a
concha *(f.)*
confundido, -a
consejo *(m.)*
contar [narrar] *(v. i.)*
cristiandad *(f.)*
cultural *(m. y f.)*
cuñado, -a
descubrir
diferente *(m. y f.)*
distinto, -a

divorciarse
durar
energía *(f.)*
especialmente *(adv.)*
extra *(m. y f.)*
extranjero, -a
fácilmente *(adv.)*
finalmente *(adv.)*
galleta *(f.)*
gastar
grabar
historia [narración] *(f.)*
idiota *(m. y f.)*
inútil *(m. y f.)*
ir vestido, -a
kentia *(f.)*
medieval *(m. y f.)*
mejorar
meta *(f.)*
patrón, patrona
pensar *(v. i.)*
peregrino, -a
práctico, -a
proteger
punto *(m.)*
quieto, -a
recorrer

regar
románico, -a
ruta *(f.)*
santo, -a
siglo *(m.)*
significar
símbolo *(m.)*
soleado, -a
solución *(f.)*
sonido *(m.)*
tontería *(f.)*
tumba *(f.)*
últimamente *(adv.)*
unión *(f.)*
venerar
vitamina *(f.)*

Unidad 37

aceptar
alegría *(f.)*
balneario *(m.)*
cartera [del colegio] *(f.)*
colegio *(m.)*
compartir
comunidad autónoma *(f.)*
cremallera *(f.)*
cuento *(m.)*
curar
dependiente, -a
determinado, -a
dinosaurio *(m.)*
disfraz *(m.)*
divertido, -a
elegante *(m. y f.)*

enfermedad *(f.)*
equivocarse
fácil *(m. y f.)*
florero *(m.)*
gallego, -a
goma *(f.)*
idea *(f.)*
indeterminado, -a
inolvidable *(m. y f.)*
insistir
interesante *(m. y f.)*
juego *(m.)*
jugador, -a
medicinal *(m. y f.)*
moda *(f.)*
modelo [tipo] *(m.)*
océano *(m.)*

pintar
posar
quieto, -a
resto *(m.)*
retrato *(m.)*
siguiente *(m. y f.)*
situado, -a
tienda *(f.)*
tímido, -a
último, -a

Vocabulario

UNIDAD 38

abrazo *(m.)*
actual *(m. y f.)*
aficionado, -a
ambiente (m.)
biografía *(f.)*
carácter *(m.)*
comunidad autónoma
 (f.)
contar [narrar] (v. i.)
culpa *(f.)*
dedicarse

divertirse
durante (adv.)
error (m.)
estado de ánimo *(m.)*
estreno *(m.)*
éxito (m.)
explicar
festival *(m.)*
genial *(m. y f.)*
intentar
interés *(m.)*

interesante (m. y f.)
internacional *(m. y f.)*
localizar
marítimo, -a
par (m.)
parte *(f.)*
paseo [avenida] *(m.)*
vasco, -a
vascuence *(m.)*

• •

UNIDAD 39

adorar
alimentación (f.)
amoroso, -a
apartamento (m.)
belén (m.)
bienvenido, -a
ceder
codo *(m.)*
cuerpo *(m.)*
dedicarse
disculpa *(f.)*

el gordo (m.)
emergencia *(f.)*
famoso, -a
generalmente *(adv.)*
humano, -a
mercadillo (m.)
nieve *(f.)*
papelera *(f.)*
permiso (m.)
producto (m.)
situado, -a

socorro
soledad *(f.)*
taxista (m. y f.)
tienda (f.)
turrón (m.)
ultramar *(m.)*
ultramarinos *(m.)*
vía *(f.)*
viejo, -a

Mapa de Hispanoamérica

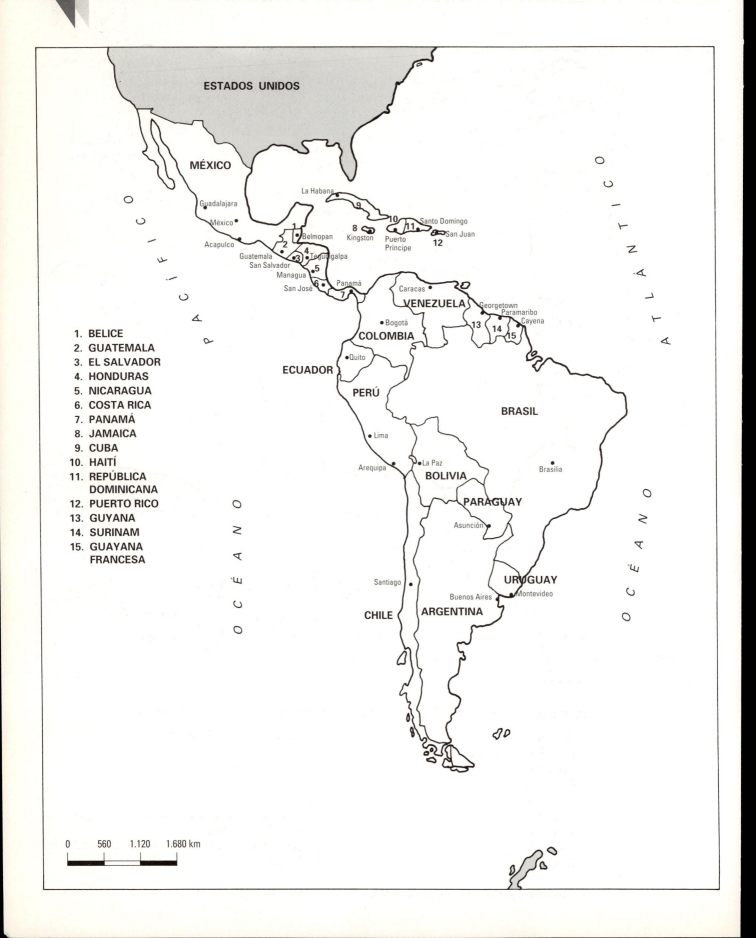

Mapa Autonómico de España

España está dividida en 17 Comunidades Autónomas, dos de ellas insulares:

1. Galicia
2. Principado de Asturias
3. Cantabria
4. País Vasco
5. Comunidad Foral de Navarra
6. La Rioja
7. Aragón
8. Cataluña
9. Castilla y León
10. Comunidad de Madrid
11. Castilla-La Mancha
12. Comunidad Valenciana
13. Extremadura
14. Región de Murcia
15. Andalucía *(Ceuta y Melilla forman parte de esta Comunidad)*
16. Comunidad Autónoma de las Islas Baleares
17. Canarias

Las ciudades indicadas en el mapa se citan en el Libro, en el Cuaderno o en el Vídeo.